“十二五”高职高专电气电子相关专业规划教材

三相异步电动机修理实训教程

赵 霞 主 编

河南科学技术出版社
·郑州·

内 容 提 要

本书讲述了三相异步电动机的维修，主要包括三相异步电动机维修基本知识，三相异步电动机的安装、拆卸和装配，三相异步电动机定子绕组的基本知识，三相异步电动机绕组的重绕，三相异步电动机故障的处理，三相异步电动机修理后的试验，三相异步电动机的维护和检修等七个项目。本书可供从事电动机运行、维护、修理的工业电工、农村电工和有关技术人员参考使用，也可作为高职院校相关专业及电动机修理培训学校的教材。

图书在版编目（CIP）数据

三相异步电动机修理实训教程/赵霞主编．—郑州：河南科学技术出版社，2014.4（2021.2 重印）

“十二五”高职高专电气电子相关专业规划教材

ISBN 978－7－5349－5008－7

Ⅰ．①三…　Ⅱ．①赵…　Ⅲ．①三相异步电动机－维修－高等职业教育－教材

Ⅳ．①TM343.07

中国版本图书馆 CIP 数据核字（2014）第 057774 号

出版发行：河南科学技术出版社

地址：郑州市经五路 66 号　　邮编：450002

电话：（0371）65738001　65788624

网址：www.hnstp.cn

策划编辑：孙　彤

责任编辑：张　建

责任校对：柯　姣

封面设计：张　伟

责任印制：朱　飞

印　　刷：河南新华印刷集团有限公司

经　　销：全国新华书店

幅面尺寸：185 mm×260 mm　　印张：9　　字数：200 千字

版　　次：2014 年 8 月第 1 版　　2021 年 2 月第 3 次印刷

定　　价：23.00 元

前　言

本书是根据高职高专培养目标，结合高职高专的教学改革和课程改革，本着“工学结合、项目导向、‘教学做’一体化”的原则编写的，同时还参照了中华人民共和国人力资源与社会保障部颁发的《电机装配工国家职业资格标准》和相关行业的职业技能鉴定规范。全书共有三相异步电动机维修基本知识，三相异步电动机的安装、拆卸和装配，三相异步电动机定子绕组的基本知识，三相异步电动机绕组的重绕，三相异步电动机故障的修理，三相异步电动机修理后的试验，三相异步电动机的维护与检修七个项目，每个项目又由不同的工作任务组成，突出培养学生的动手能力。

本书图文并茂，重点突出，教学内容贴近生产实际，贴近岗位需求，突出职业能力的培养，将知识性和可操作性融于三相异步电动机修理的全过程。本书可供从事电动机运行维护及维修的工业电工、农村电工和有关技术人员参考使用，也可作为高职高专相关专业师生及相关培训学校的参考教材。

本书由郑州职业技术学院赵霞担任主编，由郑州职业技术学院王菊叶、河南工业贸易职业学校张伟敏和郑州职业技术学院张丽然任副主编，其中张伟敏编写了项目一，赵霞编写了项目二和项目七，张丽然编写了项目三、项目四和附录，王菊叶编写了项目五、项目六。

在本书编写过程中，郑州四维机电设备制造有限公司设备处陈西雅工程师、质量管理部杨玉明工程师、工艺院卢云杰工程师及电动机修理部电工师傅们提出了许多宝贵意见，在此向他们表示衷心的感谢。

由于编者水平有限，书中若有不足之处，恳请读者批评、指正。

编者

2013 年 10 月

目　录

项目一　三相异步电动机维修基本知识

知识目标：

1. 掌握三相异步电动机的结构。
2. 了解三相异步电动机的分类、型号和用途。
3. 了解常见三相异步电动机的维修材料。

技能目标：

熟练使用常见的电动机维修工具。

任务一　三相异步电动机的组成

三相异步电动机广泛应用于工农业生产中，在工业方面，它用于拖动各种机床、起重机和水泵等设备；在农业方面，它用于拖动排灌机械、脱粒机、粉碎机及其他农副产品加工机械等。三相异步电动机种类繁多，一般按转子绕组结构进行分类，主要有笼型转子和绕线式转子两类。其中笼型异步电动机由于价格低廉、结构简单、维修方便及容易控制等优点而得到普遍运用。它主要由固定不动的定子和可以旋转的转子两大部分组成。在定子和转子之间隔着一层很薄的空气气隙，中、小型电动机的空气气隙厚度为0.2～1.0mm。此外，还有端盖、轴承、接线盒、吊环等其他附件。三相笼型异步电动机的外形和结构如图1－1所示。

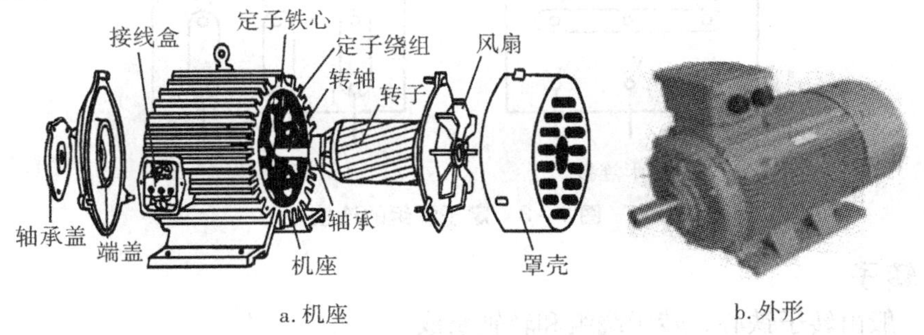

a. 机座　　b. 外形

图1－1　三相笼型异步电动机的外形和结构

一、定子

定子一般由机座、定子铁心、定子绕组等几部分组成。

（一）机座

机座由铸铁或铸钢浇铸成型，它的作用是保护和固定三相异步电动机的定子绕组。中、小型三相异步电动机的机座还有两个端盖支撑着转子，它是三相异步电动机机械结构的重要组成部分。通常，机座的外表要求散热性能好，所以一般都铸有散热片。

（二）定子铁心

定子铁心是电动机磁路的一部分，由 0.35 ~0.5mm 厚的表面涂有绝缘漆的薄硅钢片叠压而成，如图 1－2 所示。铁心内圆有均匀分布的槽口，用来放置定子线圈。

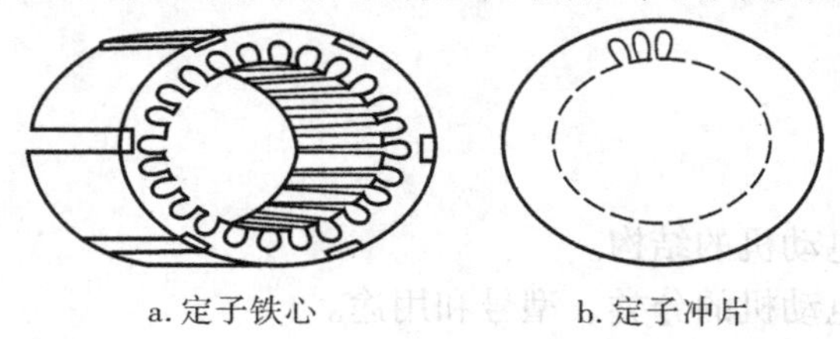
a. 定子铁心　　b. 定子冲片

图 1－2　定子铁心及定子冲片

（三）定子绕组

定子绕组是三相异步电动机的电路部分。三相异步电动机有三相绕组，通入三相对称电流时，就会产生旋转磁场。每相绕组在空间相差 120°电角度。线圈由绝缘铜导线或绝缘铝导线绕制后，再按一定规律嵌入定子铁心槽内。定子三相绕组的六个出线端都引至接线盒上，首端分别标为 U_1、V_1、W_1，末端分别标为 U_2、V_2、W_2。这六个出线端在接线盒里的排列如图 1－3 所示，可以接成星形（Y）或三角形（△）。

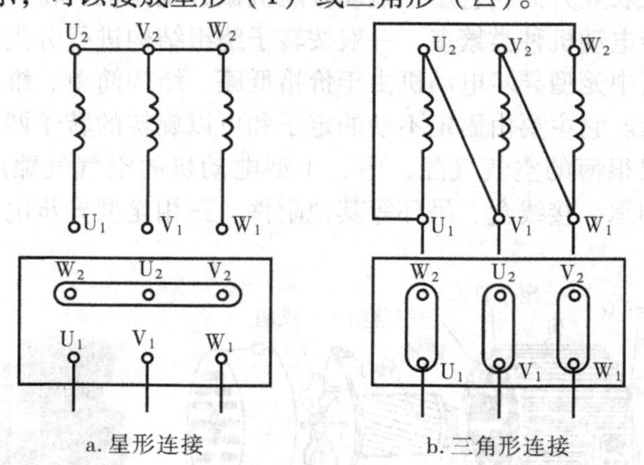

a. 星形连接　　b. 三角形连接

图 1－3　定子绕组的连接

二、转子

转子一般由转子铁心、转子绕组和转轴组成。

（一）转子铁心

转子铁心是用 0.5mm 厚的硅钢片叠压而成的，套在转轴上，作用和定子铁心相同，一方面作为电动机磁路的一部分，一方面用来放置转子绕组。

（二）转子绕组

转子绕组它的作用是切割旋转磁场以产生感应电动势及电流，并形成电磁转矩而使电

动机旋转。按照结构不同分为笼型转子和绕线式转子。

1. 笼型转子：笼型转子绕组又称为导条。在转子铁心的每一个槽中插入一根铜条(即导条)，在铜条两端各用一个铜环（又称端环）把铜条连接起来，称为铜排转子，如图1－4a所示。也可用铸铝的方法，把转子的导条和端环风扇叶片用铝液一次浇铸而成，称为铸铝转子，如图1－4b所示。若去掉转子铁心，整个绕组的外形像一个鼠笼，故称笼型绕组。小型笼型电动机采用铸铝转子绕组，对于100kW以上的电动机采用铜条和铜端环焊接而成。

2. 绕线式转子：绕线式转子绕组与定子绕组相似，也是一个对称的三相绕组，一般接成星形（Y形)，三个出线头接到转轴的三个集流环上，再通过电刷与外电路连接。其特点是结构较复杂，故绕线式电动机的应用不如笼型电动机广泛。但通过集流环和电刷在转子绕组回路中串入附加电阻等元件，用以改善异步电动机的起动、制动性能及调速性能，故在要求一定范围内进行平滑调速的设备，如吊车、电梯、空气压缩机等上面采用。

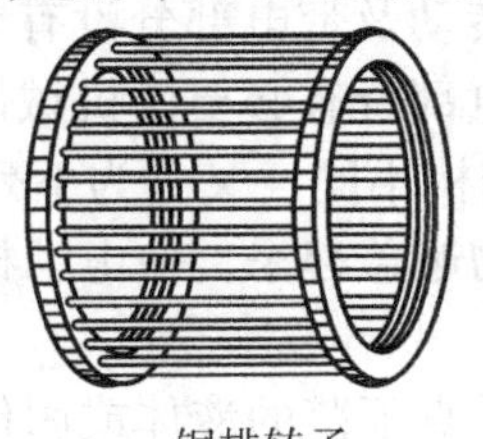

a. 铜排转子　　b. 铸铝转子

图1－4　三相笼型异步电动机的转子绕组

(三）转轴

转轴是电动机输出机械能的主要部位，如图1－5所示。它一般用中碳钢制成，可以承受很大的转矩。轴的两端用轴承支撑，固定在机座两端的端盖上。在后端（轴向端为前端）盖外面轴上装着风扇，供轴向通风用。

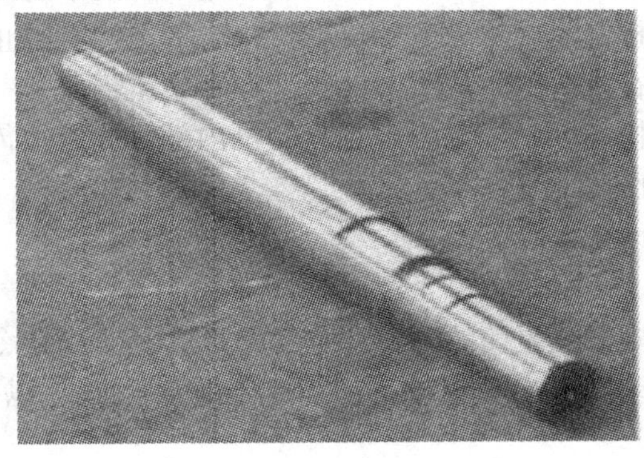

图1－5　转轴

三、其他部分

其他部分包括端盖、风扇等。端盖除了起防护作用外，在端盖上还装有轴承，用以支撑转子轴。风扇则用来通风冷却电动机。

任务二　三相异步电动机的分类、型号及用途

一、三相异步电动机的分类

三相异步电动机一般为系列产品，其系列、品种、规格繁多，因而分类方法也较多。

（一）按尺寸大小分类

1. 大型　16 号机座以上，或定子铁心外径大于 1000mm，或机座中心高大于 630mm。

2. 中型　11～15 号机座，或定子铁心外径在 500～1000mm，或机座中心高在 355～630mm。

3. 小型　10 号以下机座，或定子铁心外径在 120～500mm，或机座中心高在 80～315mm。

（二）按外壳防护结构分类

1. 开启式　电动机除有必要的支撑结构外，转动及带电部分没有专门的保护。

2. 防护式　电动机机壳内部的转动部分及带电部分有必要的机械保护，以防止意外的接触，但并不明显地妨碍通风。按其通风口防护结构不同，又分为下列三种：

（1）网罩式：电动机的通风口用穿孔的遮盖物遮盖起来，使电动机的转动及带电部分不能与外物接触。

（2）防滴式：电动机通风口的结构能够防止垂直下落的液体或固体直接进入电动机内部。

（3）防溅式：电动机通风口的结构可以防止与垂直线呈 100°角范围内的任何方向的液体或固体进入电动机内部。

3. 封闭式　电动机机壳的结构能够阻止机壳内外空气的自由交换，但并不要求完全密封。

4. 防水式　电动机机壳的结构能够阻止具有一定压力的水进入电动机内部。

5. 水密式　当电动机浸没在水中时，电动机机壳的结构能阻止水进入电动机内部。

6. 潜水式　电动机在规定的水压下，能长期在水中运行。

7. 隔爆式　电动机机壳的结构足以阻止电动机内部气体爆炸传递到电动机外部而引起电动机外部燃烧性气体的爆炸。

（三）按冷却方式分类

1. 空气冷却

（1）自冷式：电动机依靠表面的辐射和空气的自然流动获得冷却。

（2）自扇冷式：电动机由本身驱动的风扇供给冷却空气，以冷却电动机表面或其内部。

（3）他扇冷式：供给冷却空气的风扇不是由电动机本身驱动，而是独立驱动的。

2. 液体冷却　液体冷却电动机由液体冷却。

3. 闭路循环气体冷却　闭路循环气体冷却指冷却电动机的介质循环在包括电动机和冷却器的封闭回路里，冷却介质经过电动机时吸收热量，而再经过冷却器时放出热量。

4. 表面冷却和内部冷却　冷却介质不通过电动机导体内部者，称为表面冷却。冷却介质通过电动机导体内部者，称为内部冷却。

（四）按运行工作制分类

1. 连续工作制（S1） 连续工作制指电动机在铭牌规定的额定值条件下，保证长期运行。

2. 短时工作制（S2） 短时工作制指电动机在铭牌规定的条件下，只能在限定的时间内短时运行。短时运行的时间标准有四种：10min、30min、60min 及 90min。

3. 断续周期性工作制（S3） 断续周期性工作制指电动机在铭牌规定的额定值下只能断续周期性使用，它包括下列几种运行工作制。

（1）启动的断续周期工作制（S4）。

（2）电制动的断续周期工作制（S5）。

（3）连续周期工作制（S6）。

（4）电制动的连续周期工作制（S7）。

（5）负载－转速相应变化的连续周期工作制（S8）。

（6）负载与转速非周期变化工作制（S9）：指负载和转速在允许的范围内变化的非周期工作制，这种工作制包括经常过载，其值可远远超过满载。

（7）离散恒定负载工作制（S10）：是包括不多于 4 种离散负载值（或等效负载）的工作制，每一种负载的运行时间应足以使电动机达到热稳定，在一个工作周期中的最小负载值可作为负载值。

（五）按安装形式分类

1. IMB3 型 IMB3 型为卧式，机座带底脚，端盖上无凸缘。

2. IMB5 型 IMB5 型为卧式，机座不带底脚，端盖上有凸缘。

3. IMB35 型 IMB35 型为卧式，机座带底脚，端盖上有凸缘。

二、三相异步电动机的产品型号及用途

产品型号是为了便于使用、制造、设计等部门进行业务联系和简化技术文件中产品名称、规格、形式等叙述而引用的一种代号。我国电机产品型号的编制方法是按国家标准 GB 4831—84《电机产品型号编制方法》实施的，即由汉语拼音字母及国际通用符号和阿拉伯数字组成。

我国电机产品及代号如表 1－1 所示。

表 1－1 我国电机产品及代号

产品	异步电动机	同步电动机	同步发电机	直流电动机	直流发电机	汽轮发电机
代号	Y	T	TF	Z	ZF	QF

产品	水轮发电机	测功机	潜水电泵	纺织用电动机	交流换向器电动机
代号	SF	C	Q	F	H

注：（1）机座长度的字母代号采用国际通用符号表示：S 表示短机座，M 表示中机座，L 表示长机座。

（2）铁心长度的字母代号用数字 1，2，3…依次表示。

特殊环境代号：各种特殊环境条件所用代号应按表 1－2 规定。如果同时具备一个以上的特殊环境条件时，按此表顺序排列。

表 1－2 特殊环境代号

字母	使用环境条件	字母	使用环境条件
G	高原用	T	热带用
H	船（海）用	TH	湿热带用
W	户外用	TA	干热带用
F	化工防腐用		

产品型号示例：

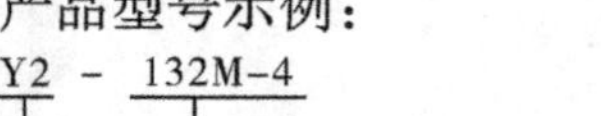

Y2 - 132M-4

——规格代号，中心高为132mm，中机座，4极

——产品类型代号，异步电动机，第二次改型设计

Y - 100L2-4 WF1

——特殊环境代号，户外用，化工防腐用，“1”指中等防腐

——规格代号，中心高100mm，长机座第二铁心长度，4极

——产品类型代号，指异步电动机

常用三相异步电动机的产品型号、结构特点及应用场合如表 1－3 所示。

表 1－3 常用三相异步电动机的产品型号、结构特点及应用场合

序号	名称	型号		机座号与功率范围	结构特点	应用场合
		新	老			
1	小型三相异步电动机（封闭式）	Y2（IP55）	Y（IP44） JO2 JO	H80～355 0.75～315kW	外壳为封闭式，可防止灰尘、水滴浸入。Y2 为 F 级绝缘，Y 为 B 级绝缘，JO2 为 E 级绝缘	用于无特殊要求的各种机械设备，如：金属切削机床、水泵、鼓风机、运输机械等
2	小型三相异步电动机（防护式）	Y（IP23）	J2. J	H160～315 11～250kW	外壳为防护式，能防止直径大于 12mm 的杂物或水滴与垂直线呈 60°角进入电动机	适用于运行时间长、负荷率较高的各种机械设备
3	高效三相异步电动机	YX（IP44）		H100～280 1.5～90kW	用冷轧硅钢片及新工艺降低电动机损耗，效率较 Y 基本系列平均高 3%	适用于重载启动的场合，如起重设备、卷扬机、压缩机、泵类等
4	绕线式三相异步电动机	YR（IP44） （IP23）	JRO2 JR2	H132～280 4～75kW	转子为绕线式，可通过转子外接电阻获得大的启动转矩及在一定范围内分级调节电动机转速	

续表

序号	名称	型号		机座号与功率范围	结构特点	应用场合
		新	老			
5	变频多速三相异步电动机	YD（IP44）	JDO2	H80～280 0.55～90kW	在Y基本系列上派生，利用多套定子绕组接法来达到电动机的变速	适合于万能、组合、专用切削机床及需要多级调速的传动机构
6	高转差率三相异步电动机	YH（IP44）	JHO2	H80～280 0.55～90kW	在Y系列上派生，用转子深槽及高电阻率转子导体结构，堵转转矩大，转差率高，堵转电流小，机械特性软，能承受冲击负载	用于传动飞轮力矩较大及承受不均匀冲击负载的场合，如锤击机、剪切机、冲压机、锻冶机等
7	电磁调速三相异步电动机	YCT	JZT	H112～335 0.55～90kW	由Y系列电动机与电磁离合器组合而成。为恒转矩无级调速电动机	用于恒转速无级调速场合，尤适用于风机、水泵等
8	电磁制动三相异步电动机	YEJ		H80～225 0.55～45kW	在Y系列电动机一端加直流圆盘制动器组合而成，能快速停止，正确定位	用于升降机械、运输、包装、建筑、食品、木工机械等
9	增安型三相异步电动机	YA	JAO2	H80～280 0.55～75kW	在Y基本系列上对结构及防护采取了加强措施	适用于有爆炸危险的场合
10	隔爆型三相异步电动机	YB	BJO2	H80～315 0.55～220kW	在Y基本系列上派生，按隔爆标准规定生产	用于煤矿及有可燃性气体的工厂
11	户外型三相异步电动机	Y－W	JO2－W	H80～315 0.55～160kW	在Y基本系列上派生，采取加强结构密封和材料、工艺防腐措施。Y－W用于户外机械，Y－F用于有化学腐蚀介质的机械，Y－WF用于户外有化学腐蚀的各种机械	用于石油、化工、化肥、制药、印染等企业用水泵、油泵、鼓风机、排风扇等机械设备上
12	防护型三相异步电动机	Y－F	JO2－F			
13	户外防腐型三相异步电动机	Y－WF	JO2－WF			

续表

序号	名称	型号		机座号与功率范围	结构特点	应用场合
		新	老			
14	船用三相异步电动机	Y－H	JO2－H	H80～315 0.55～220kW	在Y基本系列上派生，按船上使用特点制造	用于海洋、江河船舶上的各种机械，如泵、通风机、分离器、液压机械等
15	起重冶金用三相异步电动机	YZ YZR	JZ2 JZR2	YZ系列： H112～250 1.5～30kW YZR系列： H225～400 1.5～200kW	YZ为笼型转子，YZR为绕线式转子。环境温度为40℃时用F级绝缘，为60℃时用H级绝缘，同步转速有1000r/min、750r/min、600r/min三种，工作制为S3～S5	用于各种起重机械及冶金辅助设备的电力传动上
16	换向器三相异步电动机	JZS2	JZS	H225～475 3/1～160/53.3kW	为恒转矩交流调速电动机，调速比通常为3:1。本系列电动机效率高，功率因数较高，为无级调速	用于印染、印刷、造纸、橡胶、制糖、制塑机械及试验设备机械中
17	力矩三相异步电动机	YLJ	JLJ	H63～180 输出转矩： IP21的为 2～200N·m； IP44的为 0.3～25N·m	YLJ系列电动机的机械特性是通过增加转子电阻来实现的。其中IP44防护结构加装离心鼓风机进行强迫通风	用于造纸、电线电缆、印染、橡胶等部门作卷绕、开卷、堵转和调速等设备的动力
18	电梯用三相异步电动机	YTD	JTD	H200～250 0.67～22kW	笼型转子，定子绕组有两套，分别为6极和24极	用于交流客、货电梯及其他升降机械
19	激振三相异步电动机	YJZ YZ0		激振力各为 1～100kN	通过安装在转轴两侧的偏心块在旋转时产生离心力作激振源	用于各类振动机械
20	夯实用三相异步电动机	YZH		H145～155 2.2～4kW	与可逆式电动振动实现夯实机配套使用	用于建筑行业及其他夯实作业上
21	辊道用三相异步电动机	YG	JG2	H112～225 堵转转矩： 16～800N·m	为IP54防护，采用H级绝缘	用于冶金工业的工作辊道驱动

续表

序号	名称	型号		机座号与功率范围	结构特点	应用场合
		新	老			
22	制冷用耐氟利昂三相异步电动机	YSR（三相）YLRB（单相）		0.6～180kW	电动机绝缘材料及绝缘结构能保证在制冷机和冷冻机的混合物中安全可靠地使用	供全封闭和半封闭制冷压缩机特殊配套用
23	交流变频调速三相异步电动机	YVP YTP		0.55～4.5kW 0.75～90kW	笼型转子带轴流风机低速时能输出恒转矩，调速效果好，节能效果明显	用于恒转矩调速和驱动风机、水泵等递减转矩场合
24	船用起重三相异步电动机	YZ－H		分单速、双速、三速等	机壳由钢板焊成，采用 ZYZ 型直流圆盘式电磁制动器	用于各类船舶做短时定额的甲板机械电力拖动，如锚机、绞盘机、绞车等
25	井用潜水三相异步电动机	YQS2	JQS	150～300mm 3～185kW	充水式密封结构，与潜水泵组合，立式运行，电动机外径尺寸小，细长	专用于驱动井下水泵，可潜入井下水中工作，汲取地下水

任务三　电动机维修使用的工具、仪器及材料

一、电动机维修的常用量具和工具

（一）常用量具

电动机维修的常用量具有钢直尺、卷尺及内外卡钳等，以及精密的量具如游标卡尺、外径千分尺及水平仪等。

1. 钢直尺　钢直尺是最简单的长度量具，它是由厚1mm、宽25mm的不锈钢板制造的（图1－6）。它的长度有150mm、300mm、500mm和1000mm四种规格。

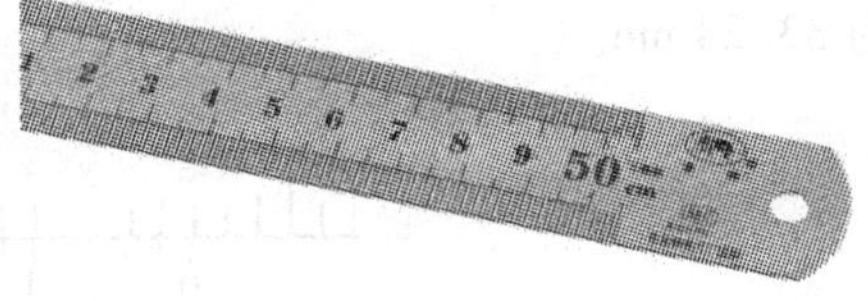

图1－6　钢直尺外形

2. 钢卷尺　钢卷尺分为自卷式卷尺（属于小钢卷尺）、制动式卷尺（属于小钢卷尺）和摇卷式卷尺（属于大型卷尺）三种。其规格品种如表1－4所示。

表1－4　钢卷尺的规格品种

品种	自卷式、制动式	摇卷式
测量上限/m	1，2，3，4，5，6	5，10，15，20，30，50，100

3. 游标卡尺　游标卡尺用于测量物体的长、宽、高、深和圆环的内、外直径。它由主尺和附在主尺上能滑动的游标（也叫副尺）两部分构成。主尺一般以毫米为单位。游标上

有10、20或50个分格。根据分格的不同，游标卡尺可分为十分度游标卡尺、二十分度游标卡尺、五十分度游标卡尺。游标卡尺上有两副活动量爪，分别是内测量爪和外测量爪，内测量爪通常用来测量内径，外测量爪通常用来测量长度和外径。深度尺用来测量槽和筒的深度。其结构如图1－7所示。

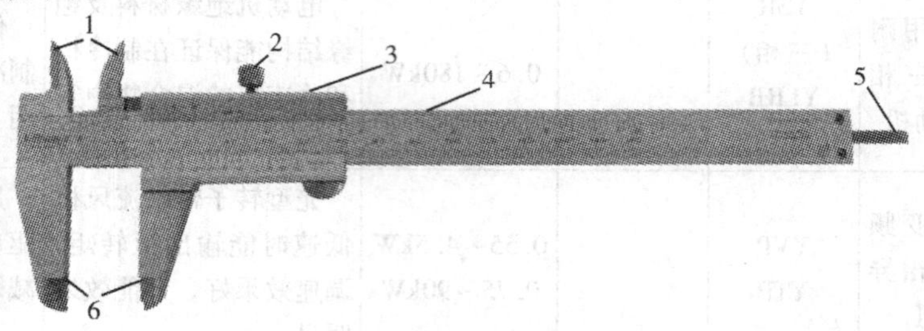

图1－7　游标卡尺的结构

1. 内测量爪　2. 紧固螺钉　3. 游标　4. 尺身　5. 深度尺　6. 外测量爪

（1）读数方法：游标卡尺是利用主尺刻度线与副尺刻度线读数的。以图1－8中的游标卡尺为例，主尺的刻度每一格为1mm，当两卡脚合并时，主尺上49mm刚好等于副尺上50格，所以副尺刻度每格长度为0.98mm。主尺与副尺的刻度每一格的长度差距为1－0.98＝0.02mm，因此该游标卡尺的测量精度为0.02mm（副尺上直接用数字刻出）。

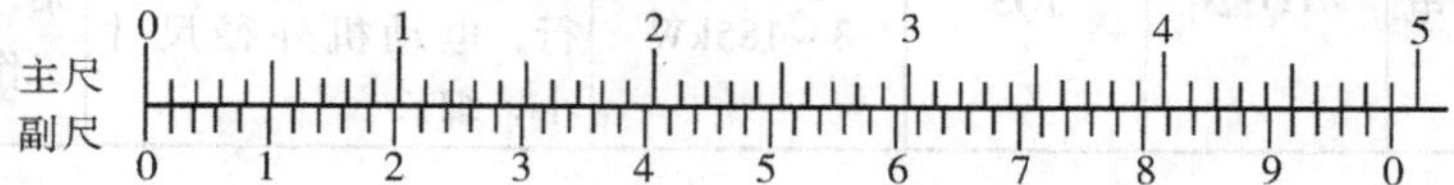

图1－8　游标卡尺刻线

用游标卡尺读数分为三个步骤，下面以图1－9所示的0.02mm精度游标卡尺的某一测量状态为例进行说明。首先在主尺上读出副尺零线以左的刻度，该值就是最后读数的整数部分。图示为33mm。接着，副尺上一定有一条刻线与主尺的刻线对齐，在副尺上读出该刻线距副尺0刻度线的格数，将其与刻度间距0.02mm相乘，就得到最后读数的小数部分。图示为0.24mm。最后将所得到的整数和小数部分相加，就得到总尺寸。图示总尺寸为33.24mm。

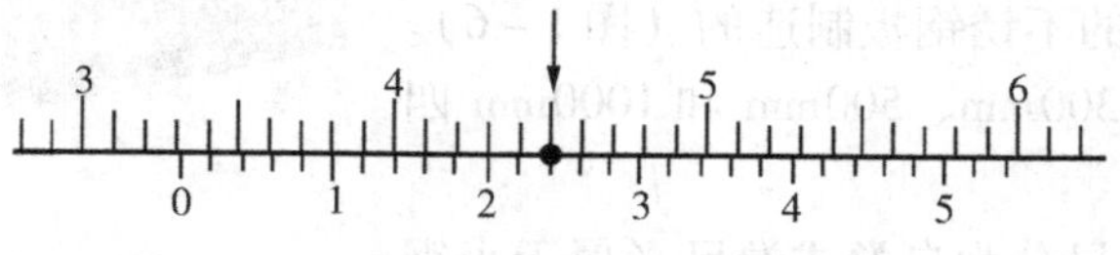

图1－9　游标卡尺读数示例

（2）注意事项：

1）游标卡尺是比较精密的测量工具，要轻拿轻放，不得碰撞或跌落地上。使用时不要用来测量粗糙的物体，以免损坏量爪，不用时应将其置于干燥的地方以防止锈蚀。

2）测量时，应先拧松紧固螺钉，移动游标不能用力过猛。两量爪与待测物的接触不宜过紧。不能使被夹紧的物体在量爪内挪动。

3）读数时，视线应与尺面垂直。如需固定读数，可用紧固螺钉将游标固定在尺身上，防止滑动。

4）实际测量时，对同一长度应多测几次，取其平均值来消除偶然误差。

5）游标卡尺使用完毕，用棉纱将其擦拭干净。长期不用时应将它擦上黄油或机油，两量爪合拢并拧紧紧固螺钉，放入卡尺盒内盖好。

4. 外径千分尺　外径千分尺常简称为千分尺，它是比游标卡尺更精密的长度测量仪器，主要用来测量小球的直径、金属丝的直径和薄板的厚度。其结构如图 1－10 所示。

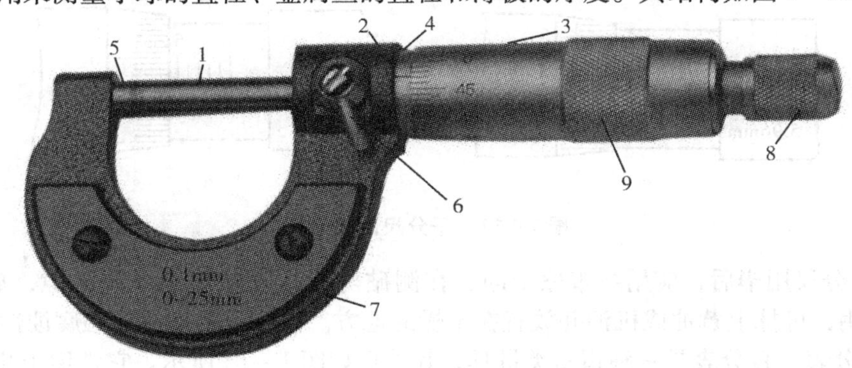

图 1－10　千分尺的结构

1. 测微螺杆　2. 活动套管　3. 微分筒　4. 固定套管　5. 测砧
6. 锁紧装置　7. 尺架　8. 棘轮旋柄　9. 旋钮

（1）读数方法：使用千分尺测量物体长度时，要先将测微螺杆退开，将待测物体放在两个测量面之间。千分尺的尾端有棘轮旋柄，转动它可使测微螺杆移动，当测微螺杆与被测物（或测砧）相接触后的压力达到某一数值时，棘轮将滑动并产生“咯、咯”的响声，活动套管不再转动，测微螺杆也停止前进，此时即可读数。固定套管上有一条水平线，在这条线上、下各有一列间距为 1mm 的刻度线，上面的刻度线恰好在下面两相邻刻度线中间。微分筒上的刻度线是将圆周分为 50 等份的水平线，它是旋转运动的。当微分筒旋转一周时，测微螺杆前进或后退一个螺距（0.5mm）。这样，当微分筒旋转一个分度后，它转过了 1/50 周，这时测微螺杆沿轴线移动了 $1/50 \times 0.5\text{mm} = 0.01\text{mm}$。因此，使用千分尺可以准确读出 0.01mm 的数值。读数时，从固定套管上读取 0.5mm 以上的部分，再以固定套筒上的水平横线为读数基准线，从微分筒上读取余下尾数部分（估计到最小分度值的 1/10，即 1/1000），然后两者相加。图 1－11a、b、c、d 所示分别为几种读数示例。

（2）注意事项：千分尺是一种精密的量具，使用时应小心谨慎，动作轻缓，不要让它受到打击和碰撞。千分尺内的螺纹非常精密，使用时要注意以下几点。

1）旋钮和测力装置在转动时都不能过分用力。

2）当转动旋钮使测微螺杆靠近待测物时，一定要改旋测力装置，不能转动旋钮使螺杆压在待测物上。

3）当测微螺杆与测砧已将待测物卡住或在旋紧锁紧装置的情况下，决不能强行转动旋钮。

4）有些千分尺为了防止手温使尺架膨胀引起微小的误差，在尺架上装有隔热装置。实验时应手握隔热装置，而尽量少接触尺架的金属部分。

5）使用千分尺测同一长度时，一般应反复测量几次，取其平均值作为测量结果。

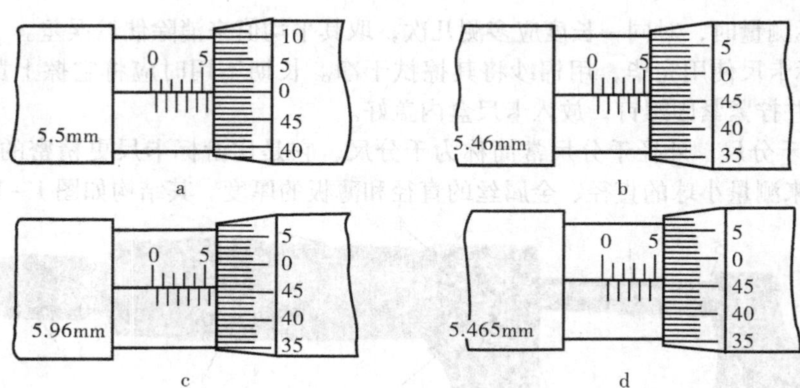

图 1－11 千分尺读数示例

6）千分尺用毕后，应用纱布擦干净，在测砧与螺杆之间留出一点空隙，放入盒中。如长期不用，可抹上黄油或机油并放置在干燥的地方。注意不要让它接触腐蚀性的气体。

5. 百分表　百分表是一种指示类量具，其外形如图 1－12 所示。它常用于几何形状和位置误差以及小位移的长度测量。百分表的构造主要由表体部分、传动系统、读数装置三部分组成。百分表是将被测尺寸引起的测量杆微小直线移动，经过齿轮传动放大，变为指针在刻度盘上的转动，从而读出被测尺寸的大小。百分表的圆表盘上有 100 个等分刻度，即每一分度值相当于测量杆移动 0.01mm。百分表的测量范围有 0～3mm、0～5mm、0～10mm 几种。若在圆表盘上有 200 个或 100 个等分刻度，增大齿轮放大机构的放大比，使圆表盘上的每一分度值为 0.001mm 或 0.002mm，则这种测量工具即称为千分表。

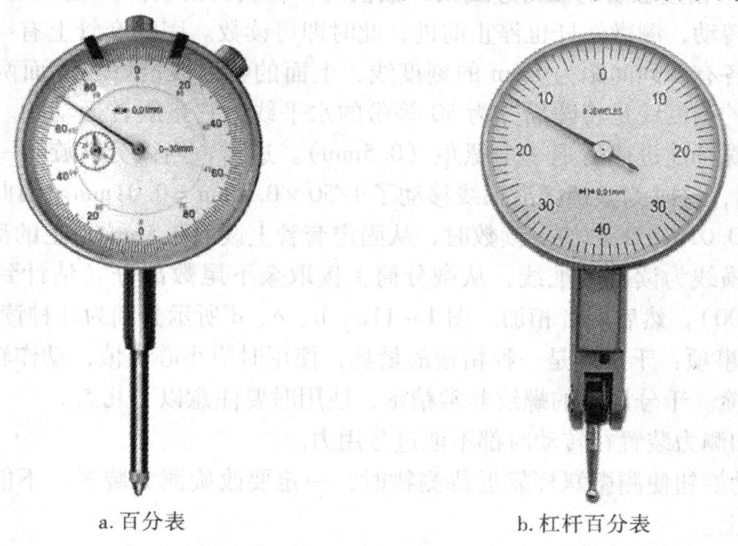

a. 百分表　　b. 杠杆百分表

图 1－12 常见百分表的外形

（1）读数方法：先读小指针转过的刻度数，即毫米整数，再读大指针转过的刻度数，即小数部分，并乘以 0.01，然后两者再相加，即得到所测量的数值。

（2）使用方法：

1）使用前，应先检查该百分表是否在受控范围，检查测量杆活动的灵活性，即轻轻推动测量杆时，测量杆在套筒内的移动要灵活，没有轧卡现象。而且每次手松开后，指针能回到原来的刻度位置。

2）使用百分表时，必须把它固定在可靠的夹持架上（如固定在万能表架或磁性表座上，如图 1－13 所示），夹持架要安放平稳，以免使测量结果不准确或摔坏百分表。用夹持百分表的套筒来固定百分表时，夹紧力不要过大，以免因套筒变形而使测量杆活动不灵活。

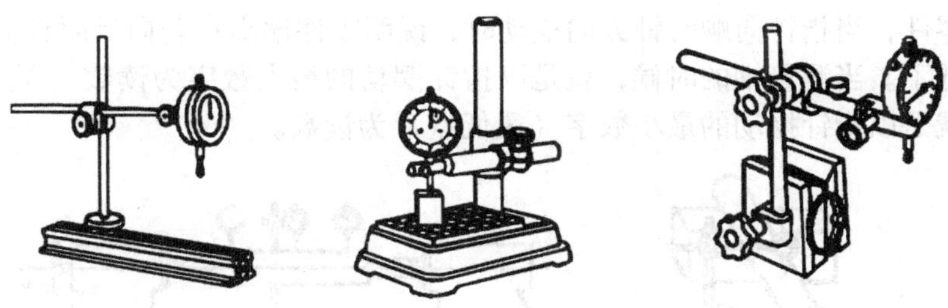

图 1－13　安装在专用夹持架上的百分表

3）用百分表或千分表测量零件时，测量杆必须垂直于被测量表面。如图 1－14 所示。应使测量杆的轴线与被测量尺寸的方向一致，否则将使测量杆活动不灵活或使测量结果不准确。

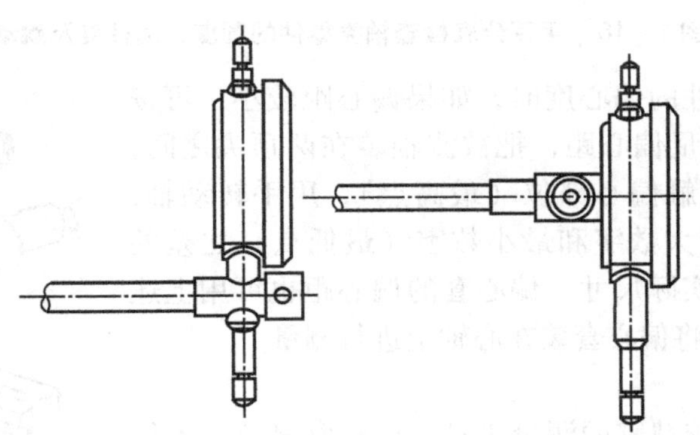

图 1－14　百分表的安装方法

4）测量时，不要使测量杆的行程超过它的测量范围；不要使测量头突然撞在零件上；不要使百分表受到剧烈的振动和撞击，也不要把零件强行推入测量头下，免得损坏百分表的机件而使表失去精度。因此，用百分表测量表面粗糙或有明显凹凸不平的零件是错误的。

5）用百分表校正或测量零件时（图 1－15），应当使测量杆有一定的初始测力。即在测量头与零件表面接触时，测量杆应有 0.3～1mm 的压缩量（千分表可小一点，有 0.1mm 即可），使指针转过半圈左右，然后转动表圈，使表盘的零位刻线对准指针。轻轻地拉动手提测量杆的圆头，拉起和放松几次，检查指针所指的零位有无改变。当指针的零位稳定后，再开始测量或校正零件的工作。

6）检查轴类零件的圆度、圆柱度及跳动时，如图 1－16 所示，将零件放在平台上，使测量头与零件表面接触，调整指针使其摆动，然后把刻度盘零位对准指针，跟着慢慢地

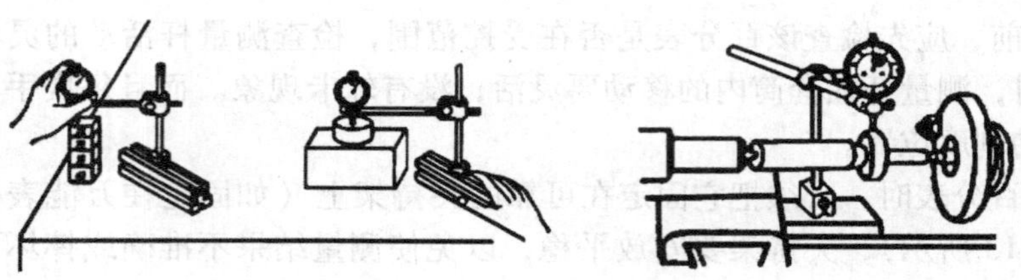

图 1－15　用百分表校正或测量零件的方法

移动表座或零件，当指针向顺时针方向摆动时，说明零件偏高；若向反时针方向摆动，则说明零件偏低了。当测量轴的时候，就是以指针摆动的最大数字为读数（最高点）；测量孔的时候，就是以指针摆动的最小数字（最低点）为读数。

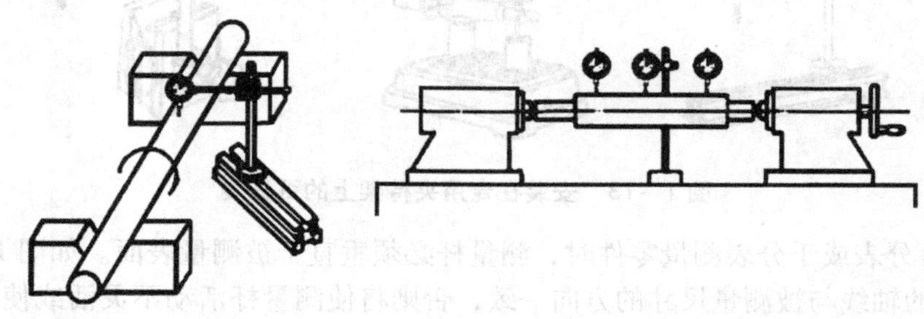

a. 将零件放在V形铁上　　b. 将零件放在专用检架上

图 1－16　用百分表检查轴类零件的圆度、圆柱度及跳动

7）检验轴类零件的偏心度时，如果偏心距较小，可按图 1－17 所示方法测量偏心距，把被测轴装在两顶尖之间，使百分表的测量头接触偏心部位（最高点），用手转动轴，百分表上指示出的最大数字和最小数字（最低点）之差的 1/2 就等于偏心距的实际尺寸。偏心套的偏心距也可用上述方法来测量，但必须将偏心套装在心轴上进行测量。

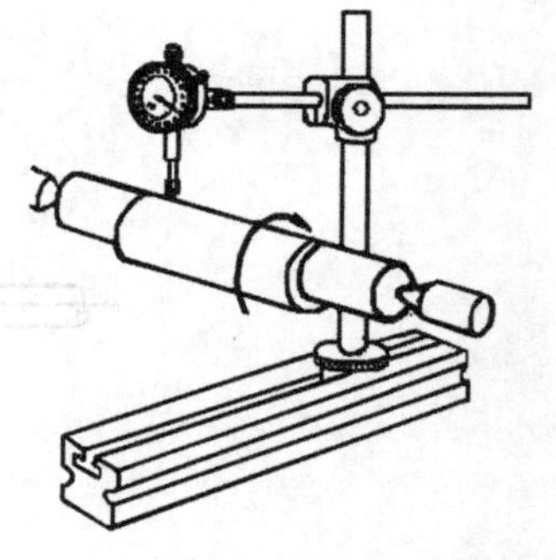

图 1－17　用百分表测量轴的偏心距的方法

（3）保养：

1）百分表是比较精密的测量工具，要轻拿轻放，不得碰撞或跌落地上。

2）应定期校验百分表的精确度和灵活性。

3）百分表使用完毕，用棉纱擦拭干净，放入卡尺盒内盖好。

4）要严格避免水、油和灰尘渗入表内，测量杆上也不要加油，以免粘有灰尘的油污进入表内，影响表的灵活性。

5）百分表不用时，应使测量杆处于自然形态，以免使表内的弹簧失效。如内径指示表上的百分表，在不使用时，应拆下来保管。

（二）常用工具

1. 试电笔　试电笔简称电笔，是用来检查测量低压导体和电气设备外壳是否带电的一种常用工具。试电笔常做成钢笔式结构或小型螺丝刀结构，它的前端是金属探头，后部塑

料外壳内装有氖泡、安全电阻和弹簧，笔尾端有金属端盖或钢笔型金属挂鼻，作为使用时手必须触及的金属部分。螺丝刀结构试电笔的外形如图 1 – 18 所示。钢笔式试电笔的结构如图 1 – 19 所示。

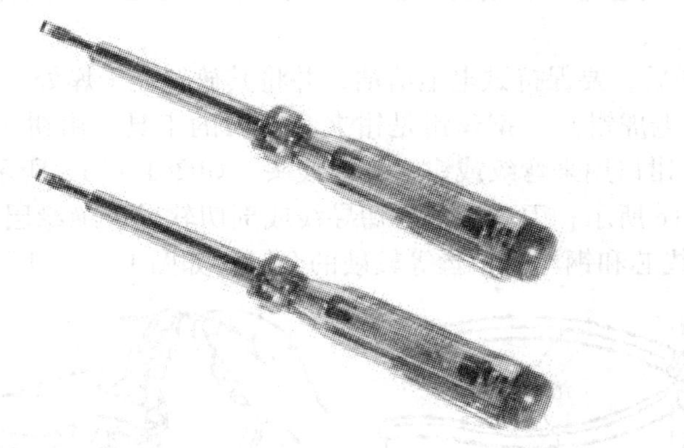

图 1 –18　螺丝刀结构试电笔的外形

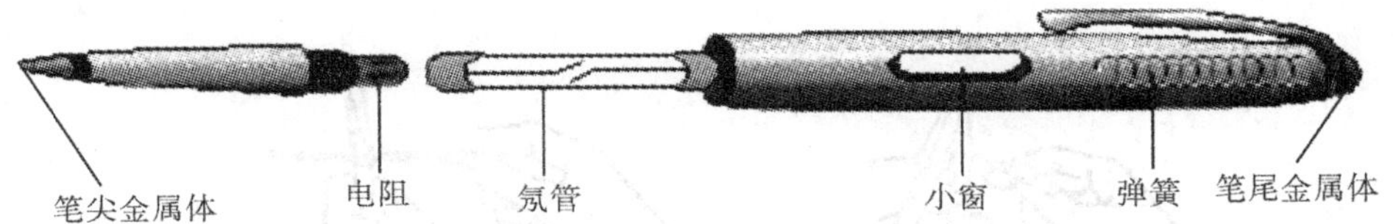

图 1 –19　钢笔式低压试电笔的结构

（1）使用方法：使用试电笔时，以中指和拇指夹持试电笔笔身，食指接触笔尾金属体，如图 1 – 20 所示。当带电体与接地之间电位差大于 60V 时，氖管内的氖泡产生辉光，证明有电。注意：人手接触试电笔的部位一定要是试电笔的金属笔盖，绝对不能接触试电笔的笔尖金属体，以免发生触电事故。

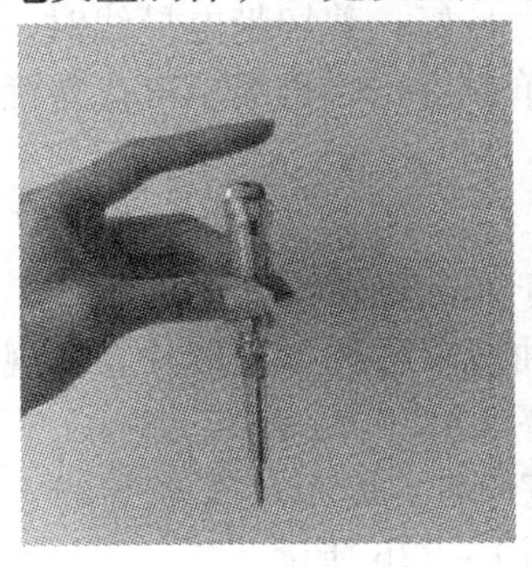 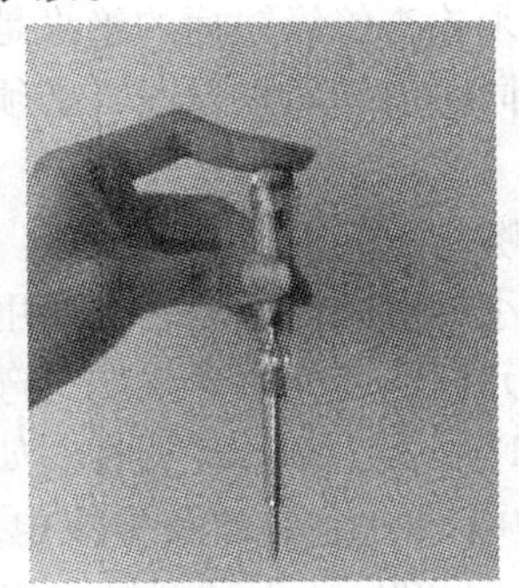 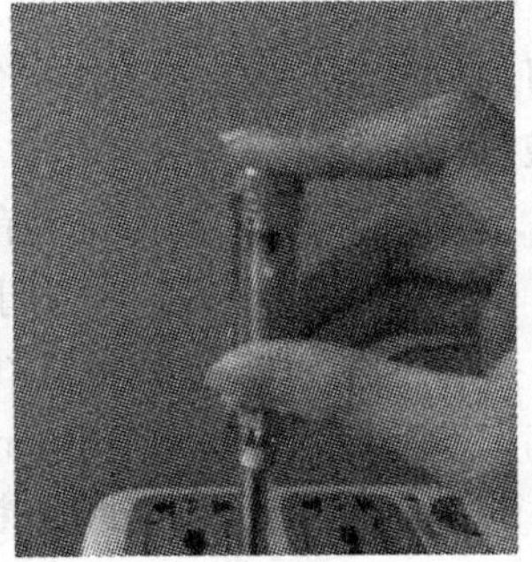

图 1 –20　试电笔的正确使用方法

（2）注意事项：

1）使用试电笔之前应先检查试电笔内有无安全电阻，然后检查试电笔是否损坏，是否有受潮或进水现象。检查合格后方可使用。

2）在使用试电笔测量电气设备是否带电之前，先要将试电笔在有电源的地方检查一下氖管能否正常发光，如能正常发光，方可使用。

3）在明亮的光线下使用测电笔测量带电体时，应注意避光，以免因光线太强而不易观察氖管是否发光，造成误判。

4）螺丝刀式试电笔前端金属体较长，应加装绝缘套管，避免测试时造成短路或触电事故。

5）使用完毕后，要保持试电笔清洁，并将其放置在干燥处，严防碰摔。

2. 钢丝钳（老虎钳）　钢丝钳是钳夹和剪刀的工具，由钳头和钳柄两部分组成，如图1－21a所示。钳口用来弯绞或钳夹导线线头，如图1－21b所示；齿口用来紧固或起松螺母，如图1－21c所示；刀口用来剪切导线或剖切软导线绝缘层，如图1－21d所示；铡口用来铡切导线线芯和钢丝、铅丝等较硬的金属，如图1－21e所示。

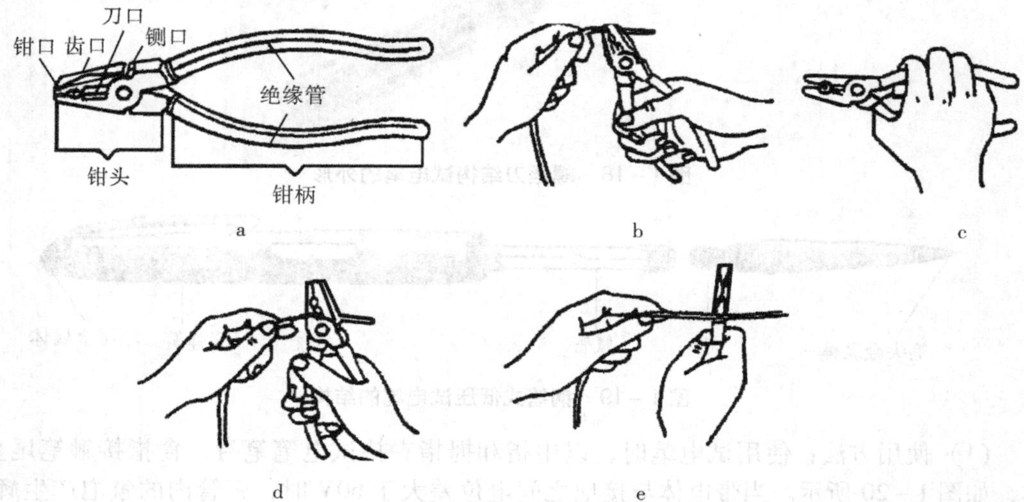

图1－21　钢丝钳的结构及各重要组成部分的作用

使用注意事项：使用前，必须检查绝缘钳柄的绝缘是否良好；剪切带电导线时，不得用刀口同时剪切相线和零线，或同时剪切两根导线，必须单根进行。钳头不可代替锤子作为敲打工具使用。

与钢丝钳相近的工具还有尖嘴钳、斜口钳和剥线钳。

尖嘴钳头部很尖，适用于狭小的空间操作。它主要用于切断和弯曲细小的导线、金属丝，夹持小螺钉、垫圈及导线等元件，还能将导线端头弯曲成所需的各种形状。其规格主要有125mm、140mm、160mm、180mm、200mm五种。如图1－22a所示。

斜口钳主要用于剪断较粗的电线、金属丝及导线电缆，可剪断低压带电导线。它有125mm、140mm、160mm、180mm、200mm五种规格，如图1－22b所示。

剥线钳主要用于剖削小直径导线绝缘层，如图1－22c所示。在使用时，将要剖削的绝缘层长度用标尺定好后，即可把导线放入相应的刃口中（比导线直径稍大），用手将柄一握紧，导线的绝缘层即被割破。

3. 螺钉旋具　螺钉旋具又称为改锥、起子和螺丝刀，是一种紧固或拆卸螺钉的工具。它主要有平口和十字口两种，外形如图1－23所示。

平口螺钉旋具常用规格有50mm、100mm、150mm、200mm几种，电工必备的是

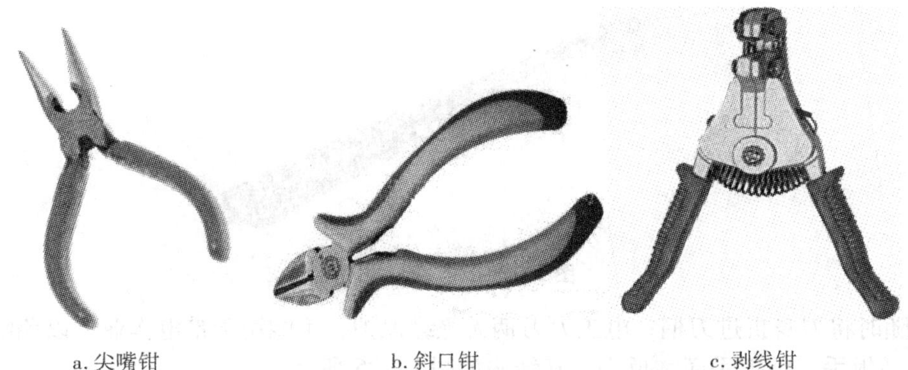

a. 尖嘴钳　　b. 斜口钳　　c. 剥线钳

图1－22　尖嘴钳、斜口钳和剥线钳

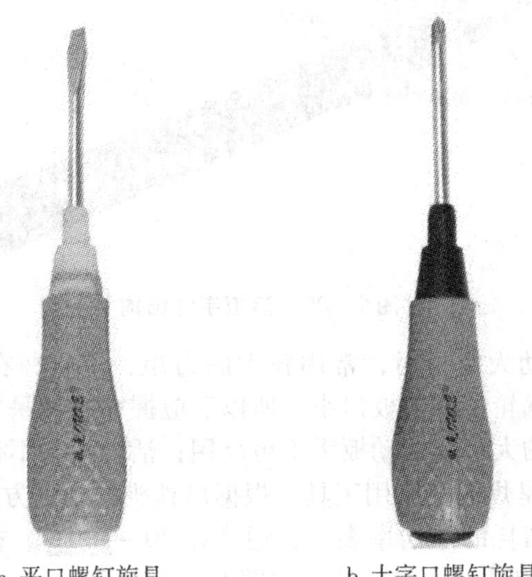

a. 平口螺钉旋具　　b. 十字口螺钉旋具

图1－23　螺钉旋具外形

50mm、150mm。十字口螺钉旋具专供紧固和拆卸十字槽的螺钉，常用的规格有Ⅰ～Ⅳ号，Ⅰ号适用的螺钉直径为2～2.5mm，Ⅱ号适用的螺钉直径为3～5mm，Ⅲ号适用的螺钉直径为6～8mm，Ⅳ号适用的螺钉直径为10～12mm。

使用螺钉旋具的注意事项：电工不可使用金属杆直通的螺钉旋具，否则容易造成触电事故；使用螺钉旋具紧固和拆卸带电的螺钉时，手不得触及螺钉旋具的金属杆，以免发生触电事故；为了避免螺钉旋具的金属杆触及临近带电体，应在金属杆上套上绝缘套管；使用较长的螺钉旋具时，可用右手压紧并旋转手柄，左手握住螺钉旋具的中间部分，以使螺钉旋具刀口不至于滑脱。此时，左手不得放在螺钉的周围，以免螺钉旋具刀口滑出时将手划伤。

4. 电工刀　电工刀是用来剖削和切割电工器材的常用工具，外形如图1－24所示。

使用时，应将刀口朝外剖削。剖削导线绝缘层时，应使刀面与导线成较小的锐角，以免割伤导线；使用电工刀时应注意避免伤手，不得传递刀身未折进刀柄的电工刀；电工刀

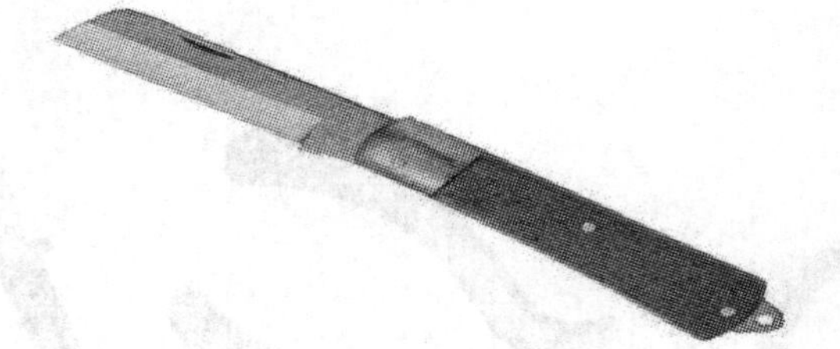

图 1-24 电工刀的外形

用毕，随时将刀身折进刀柄；电工刀刀柄无绝缘保护，不能用于带电作业，以免触电。

5. 活扳手 活扳手简称扳手。其结构如图 1-25 所示。

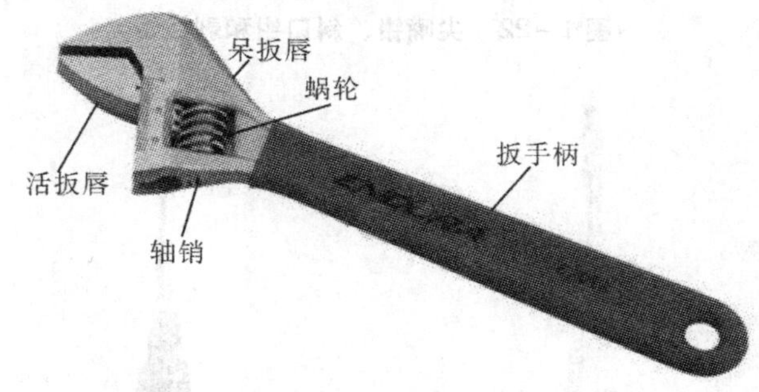

图 1-25 活扳手的结构

使用注意事项：扳动大螺母时，常用较大的力矩，手应握在近柄尾处；扳动小螺母时，因需要不断地转动蜗轮，调节扳口小，所以手应握在靠近呆扳唇的地方，并用大拇指调制蜗轮，以适应螺母的大小；活动扳手不可反用；活动扳手不得当作撬棍和锤子使用。

6. 电烙铁 电烙铁是焊锡的专用工具。根据烙铁头的加热方式不同，可分为内热式和外热式两种。其规格以消耗的电功率表示，通常在 20~300W。在电动机维修中，一般采用 40W 以上的外热式电烙铁。电烙铁外形如图 1-26 所示。

图 1-26 电烙铁的外形

使用注意事项：

(1) 电烙铁使用前应检查使用电压是否与电烙铁标称电压相符。

(2) 电烙铁应该接地。

(3) 电烙铁通电后不能任意敲击、拆卸及安装其电热部分的零件。

（4）电烙铁应保持干燥，不宜在过于潮湿或淋雨环境使用。

（5）拆烙铁头时，要关掉电源。

（6）关电源后，利用余热在烙铁头上上一层锡，以保护烙铁头。

（7）当烙铁头上有黑色氧化层的时候，可用砂布擦去，然后通电，并立即上锡。

7. 嵌线工具　在嵌线过程中必须使用专用工具，才能保证嵌线质量。常用的嵌线工具有划线板和压线板等，其外形如图 1－27 所示。

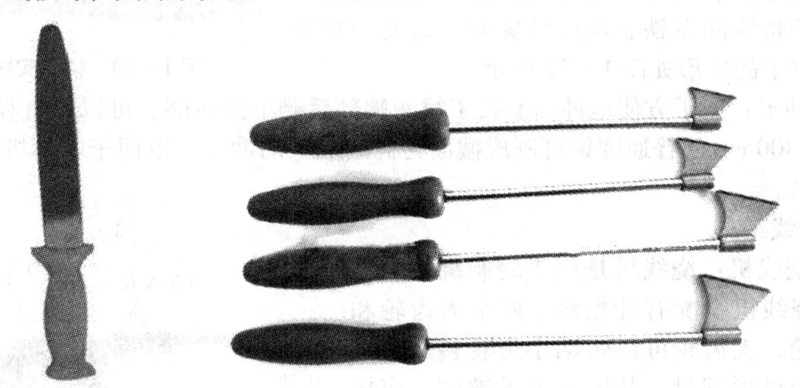

图 1－27　划线板和压线板的外形

（1）划线板：一般长约 20cm，宽为 1～1.5cm，厚约 0.3cm，一端略尖，呈刺刀状。划线板一般用毛竹或压层塑料板削制而成，也可以用不锈钢在砂轮上磨制而成。它有两个作用：一是嵌线时将导线划入铁心线槽；二是用来整理槽内的导线。

（2）压线板：一般用来压紧嵌入槽内的线圈的边缘，把高于线圈槽口的绝缘材料平整地覆盖在线圈上部，以便穿入槽绝缘。压线板的压脚宽度一般比槽上部的宽度小 0.5mm 左右，而且表面光滑。

用于嵌线的工具还有整形锤、手术剪和打板等。

8. 拆卸工具　常用的电动机拆卸工具为拉具，又叫作拉拔器、扒子或拉力器，通常用来拆卸电动机的皮带轮和轴承等紧固件。拉具按结构不同，又分为三爪式和两爪式，其实物外形如图 1－28 所示。

a. 两爪式

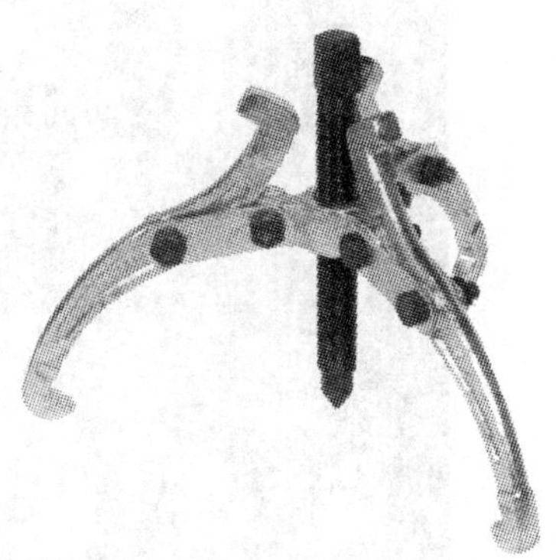

b. 三爪式

图 1－28　拉具实物的外形

使用时拉具要放正，其爪钩的位置应基本平衡，丝杠应对准电动机轴心，用力均匀。若直接拉脱有困难，可在丝杠已拉紧时用木锤敲击带轮的外圆，或在带轮与轴的接缝处渗些煤油，必要时采用热脱方法（用喷灯或气焊枪将带轮外面加热，使之膨胀，将带轮迅速拉下）。

9. 拆线工具

（1）錾子：在拆除损坏的线圈绕组时，需要用锋利的錾子将线圈在铁心端面处錾断，这就是錾子的作用。錾子的外形如图 1－29 所示。

图 1－29　錾子实物的外形

（2）冲子：为了方便地冲出錾去了线圈端部后剩下的线圈，可以取直径为 6～14mm、长为 200～400mm 的普通圆钢打制成截面为椭圆形状的冲子，以便于电动机定子槽形配合将线圈冲出。

10. 绕线工具

（1）绕线机：绕线机是用于绕制绕组的专用工具。绕线机上配有计数盘、两个大齿轮和两个小齿轮，大齿轮可以带动小齿轮转动，机座上有两个锥形螺母，其中一个无螺纹，应放在里面；另一个有螺纹，应放在外边，用来夹紧绕线模。手摇式绕线机的外形如图 1－30 所示。绕线时应注意两点：一是绕线机机座应固定在工作台上，机座的外侧边缘与工作台或桌边的距离以 10～12mm 为宜；二是若转动齿轮时摩擦声较大，可以注入少许润滑油，同时，要注意保持清洁，及时处理灰尘。

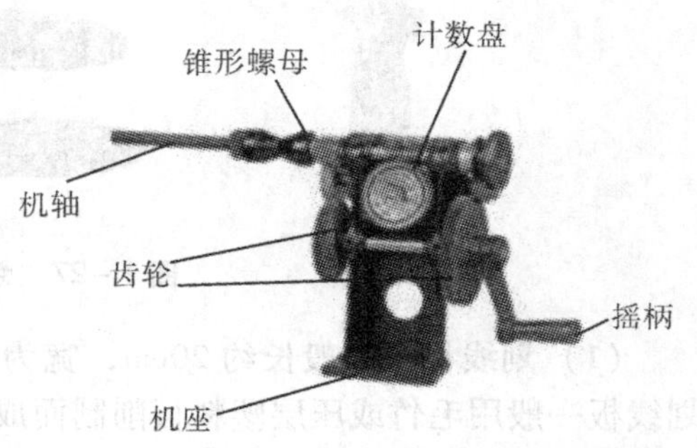

图 1－30　手摇式绕线机的外形

（2）绕线模具：常见的绕线模具有固定模具和活动模具两种。图 1－31 所示为活动模具外形。模具应按国家电动机统一规定的数据自行制作，否则，若绕制的线圈过小，不好嵌线；若绕制的线圈过大，不仅浪费材料，还容易触碰端盖，产生相间或对地短路故障，使电动机不能正常运行。

图 1－31　活动模具的实物外形

二、电动机维修常用仪器

（一）万用表

万用表又叫多用表、复用电表，是一种可测量多种电量的多量程便携式仪表。由于它具有测量种类多、测量范围宽、使用和携带方便、价格低廉等优点，因而常用来检验电源或仪器的好坏、检查线路的故障、判别元器件的好坏及数值等，应用十分广泛。万用表的外形如图 1－32 所示。

a. MF500-B型模拟式万用表

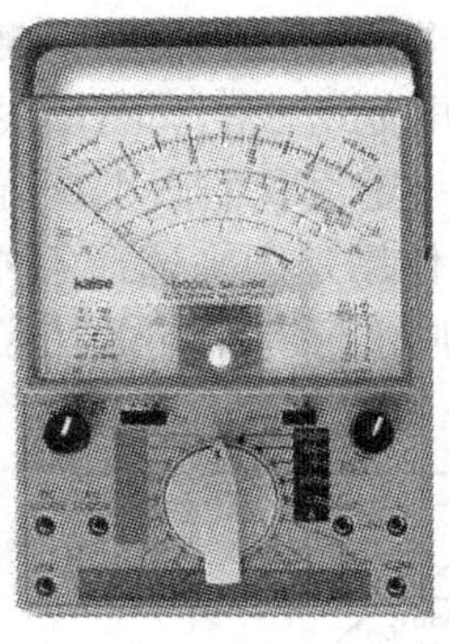

b. MF47型模拟式万用表

c. 数字万用表

图 1－32　万用表的外形

按测量原理和测量结果显示方式的不同，万用表可分为模拟式和数字式两种。模拟式万用表已有近百年的历史，其特点是借助于指针和刻度盘进行读数，能观测被测量的连续变化过程和变化趋势，结构简单、操作方便、价格低廉。数字万用表则是近几十年发展起来的新型数字仪表，它采用集成电路和数字显示器件，显示直观、准确度高、测量功能完善。

1. MF500－B 型模拟式万用表　MF500－B 型模拟式万用表如图 1－32a 所示，它由表头、测量线路和转换开关三个主要部分组成。

（1）表头：MF500－B 型模拟式万用表的表头是一只高灵敏度的磁电式直流电流表，万用表的主要性能指标取决于表头的性能。表头的灵敏度是指指针满刻度时流过表头的直流电流值，电流值越小，表头的灵敏度越高。测电压时电压挡的量程越大，其内阻越大，表头的灵敏度要求越高。

表头上有六条刻度线，如图 1－33 所示。各条刻度线的意义如表 1－5 所示。

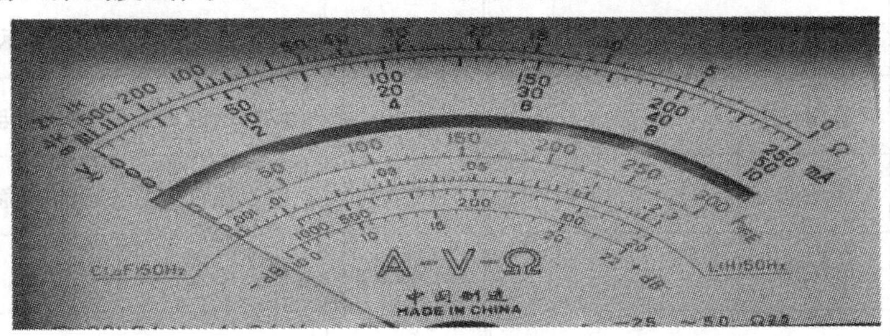

图 1－33　MF500－B 型万用表的表头

表1－5　MF500－B型模拟式万用表表头刻度线的含义

刻度线	第一条	第二条	第三条	第四条	第五条	第六条
标志	Ω	V和mA	h_{FE}	C（μF）50Hz	L（H）50Hz	dB
意义	电阻值	交直流电压和直流电流值	三极管的电流放大倍数	电容的电容量	电感的电感量	分贝数刻度

（2）测量线路：将各种被测量转换到适合表头测量的微小直流电流的电路称为测量线路，它是由电阻、半导体元件及电池组成的。测量线路能将各种不同的被测量、不同的量程，经过一系列的处理统一变成一定量程的微小直流电流，送入表头进行测量。

（3）转换开关：转换开关的作用是用来选择各种不同的测量线路，以满足不同种类和不同量程的测量要求。转换开关周围标有不同的挡位和量程，图1－34所示是MF500－B型模拟式万用表的转换开关。

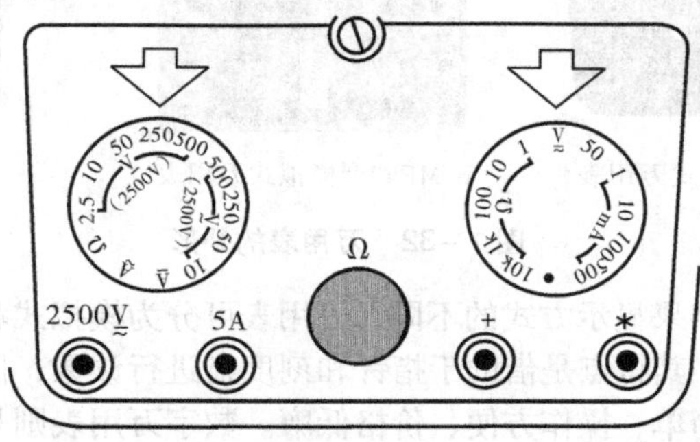

图1－34　MF500－B型模拟式万用表的转换开关

2. 模拟式万用表面板及表盘字符的含义　在万用表指针盘面上，会有一些特定的符号，这些符号用于标明万用表的一些重要性能和使用要求。在使用万用表时，必须按这些要求进行，否则会导致测量不准确或发生事故，造成万用表损坏，甚至造成人身伤害。万用表表盘上常用字符的含义如表1－6所示。

表1－6　万用表表盘上常用字符的含义

常用符号	含义	常用符号	含义
⚹	公用端	1.5（下有∨）	以刻度尺长度百分数表示的准确度等级
COM	公用端	1.5	以指示值百分数表示的准确度等级
⏚	接地端	|1.5|	以量程百分数表示的准确度等级
A	电流端	－或⋯	被测量为直流
mA	被测电流适合mA挡的接入端	≃	被测量为直流与交流
5A	专用端（如5A）	Ⅲ	Ⅲ级防外电场

续表

常用符号	含义	常用符号	含义
·)) ♬	具有声响的通断测试	[Ⅲ]	Ⅲ级防外磁场
	二极管检测	A－V－Ω	测量对象包括电流、电压、电阻
	磁电系测量机构		零点调节器
	测量线路中带有整流器	20kΩ/V (DC)	表示直流电压灵敏度为20kΩ/V
⊓	刻度盘水平放置使用	4kΩ/V (AC)	表示交流电压灵敏度为4kΩ/V
⊥	刻度盘垂直放置使用	45－65－1000Hz	使用频率范围45～1000Hz 标准频率范围45～65Hz
☆(6)	绝缘试验电压为6kV	dB－1mW600Ω	在600Ω负载电阻上功耗1mW，定义为零分贝（dB）
+	正端	－	负端

3. 模拟式万用表的使用

（1）使用万用表之前，操作者必须熟悉每个旋钮、转换开关、插孔及接线柱等的功用，熟悉所使用万用表的各种技术性能。了解表盘上每条刻度线所对应的被测量，保证读数正确。

（2）使用万用表之前应检查表的指针是否在机械零位，如不在零位，应调整表头正面的螺钉，使指针回零。

（3）插孔选择：将红表笔插入万用表标有“＋”的插孔内，黑表笔插入标有“＊”或“－”的插孔内。在测量直流电流和直流电压时，红表笔应接被测电路的正极，黑表笔接被测电路的负极。

若不清楚被测电路的正、负极，可用以下方法判别：预估电流或电压值的大小并选择一合理量程。将黑表笔接在被测电路的任一极上，同时将红表笔在另一极上触碰一下。若表针正向偏转，则表明红表笔接的是正极，黑表笔接的是负极；若表针反偏，则相反。

（4）种类和量程的选择：种类选择就是根据不同的被测量将转换开关旋至正确的位置，如测量电阻时，将转换开关置于标有“Ω”的区间。

量程选择是根据被测量的大小选择合适的量程。测量电压和电流时，一般使指针指在满刻度的2/3以上位置为宜；测量电阻时，一般使指针指示在满刻度的1/3～2/3位置。若事先无法估计被测量的大小，应尽量选择大的测量量程，再根据被测量的实际值，逐步切换到合适的量程。

（5）测量电压：测量电压时，先估计被测量的大小，将转换开关置于相应的位置，并将万用表并联在被测电路的两端。测量直流电压时，将红表笔接到被测电压的正极，黑表

笔接到被测电路的负极，即让电流从红表笔流入，从黑表笔流出。若表笔接反，表头指针会反向偏转，容易撞弯指针。测量交流电压时，没有正、负极之分。

被测电压的大小为

$$实际电压值=\frac{所选量程电压值}{满刻度值（总格数）}\times 指针指示值（指示格数）$$

（6）测量电流：测量电流时，首先根据被测量的大小将万用表转换开关置于相应位置，并将万用表串联在被测电路中。测量直流电流时，将红表笔接被测电路的正极，黑表笔接被测电路的负极，即让电流从红表笔流入，从黑表笔流出。若表笔接反，表头指针会反向偏转，容易撞弯指针。如果误将万用表与负载并联，则因表头的内阻很小，会造成短路而烧毁仪表。

被测电流的大小为

$$实际电流值=\frac{所选量程电流值}{满刻度值}\times 指针指示值$$

（7）测量电阻：测量电阻时，首先根据被测量的大小将转换开关调到相应的电阻挡，再调零，即将两表笔短接，旋转调零旋钮，使指针指示在欧姆零位。当调零无法使指针达到零位时，说明电池的电压太低，应更换新电池。电阻挡上每变换一次量程，都应重新调零，否则测量结果不准确。测量时，将万用表与被测电阻并联，如图1－35所示。

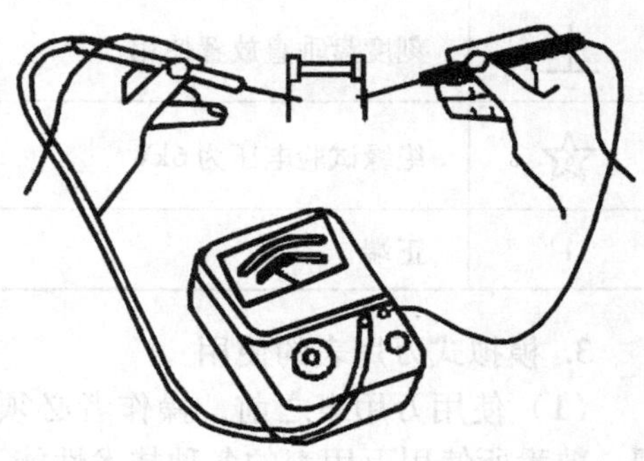

图1－35 用万用表测电阻的方法

测量电阻时，被测电路绝对不允许带电测量；否则，不仅测量结果不准确，还有可能烧坏表头。

被测电阻的大小为

$$实际电阻值=所选量程\times 指针指示值$$

用万用表电阻挡测量电阻，当选用不同的量程测量时，虽然刻度盘指示位置不变，但被测电阻的大小却不同。各量程对应的被测量大小如图1－36所示。

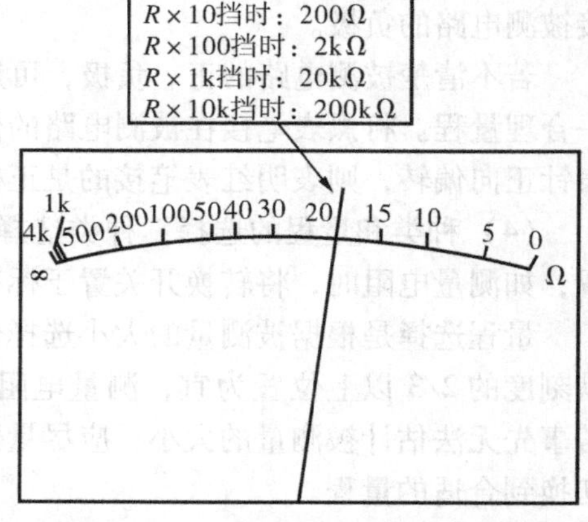

图1－36 用万用表电阻挡测量电阻的刻度盘示数

（8）万用表使用完毕，应将转换开关旋至交流电压最高挡，以防下次开始测量时不慎烧毁仪表。

（二）兆欧表

兆欧表是一种测量电气设备及电路绝缘电阻的仪表。在电动机维修中，常用兆欧表测量电动机的绝缘电阻和绝缘材料的漏电电阻，以保证电动机工作在正常状态，避免发生触电伤亡及设备损坏等事故。兆欧表大多采用手摇发电机供电，

故又称为摇表。它的刻度是以兆欧（MΩ）为单位的。兆欧表的外形如图 1－37 所示。

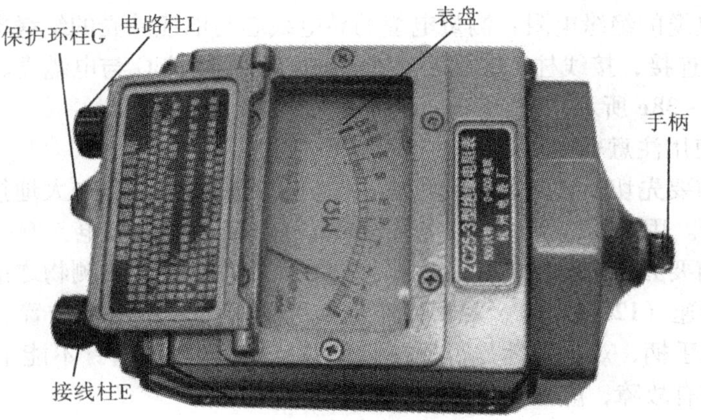

图 1－37　兆欧表的外形

1. 兆欧表的选用　兆欧表的电压等级应高于被测物的绝缘电压等级。所以测量额定电压在 500V 以下的设备或线路的绝缘电阻时，可选用 500V 或 1000V 兆欧表；测量额定电压在 500V 以上的设备或线路的绝缘电阻时，应选用 1000～2500V 兆欧表；测量绝缘子时，应选用 2500～5000V 兆欧表。一般情况下，测量低压电气设备绝缘电阻时可选用 0～200MΩ 量程的兆欧表。

2. 兆欧表的使用兆欧表上有三个接线柱，上端两个较大的接线柱上分别标有“接地”（E）和“线路”（L），下方较小的一个接线柱上标有“保护环”（或“屏蔽”）（G）。

（1）线路对地的绝缘电阻：将兆欧表的“接地”接线柱（接线柱 E）可靠地接地（一般接到某一接地体上），将“线路”接线柱（接线柱 L）接到被测线路上，如图 1－38a 所示。连接好后，顺时针摇动兆欧表，转速逐渐加快，保持在约 120r/min 后匀速摇动，当转速稳定，表的指针也稳定后，指针所指示的数值即被测物的绝缘电阻值。

实际使用中，E、L 两个接线柱也可以任意连接，即接线柱 E 可以与被测线路相连接，接线柱 L 可以与接地体连接（接地），但接线柱 G 决不能接错。

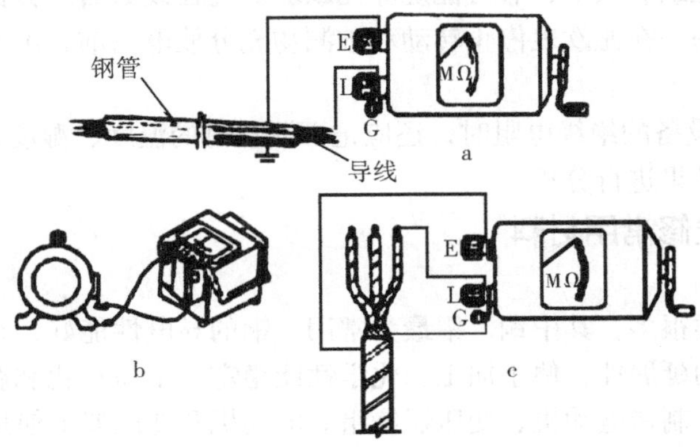

图 1－38　兆欧表的使用方法

（2）测量电动机的绝缘电阻：将兆欧表接线柱 E 接机壳（接地），接线柱 L 接到电动

机某一相的绕组上，如图 1－38b 所示。测出的绝缘电阻值就是某一相的对地绝缘电阻值。

（3）测量电缆的绝缘电阻：测量电缆的导电线芯与电缆外壳的绝缘电阻时，将接线柱 E 与电缆外壳相连接，接线柱 L 与线心连接，同时将接线柱 G 与电缆壳、心之间的绝缘层相连接，如图 1－38c 所示。

3. 兆欧表使用注意事项

（1）测量前要先切断被测设备的电源，并将设备的导电部分与大地接通，进行充分放电，以保证安全。用兆欧表测量过的电气设备，也要及时接地放电，方可进行再次测量。

（2）测量前要先检查兆欧表是否完好，即在兆欧表未接上被测物之前，摇动手柄使发电机达到额定转速（120r/min），观察指针是否指在标尺的“∞”位置。将接线柱 L 与 E 短接，缓慢摇动手柄，观察指针是否指在标尺的“0”位。如指针不能指到该标尺的“0”位，表明兆欧表有故障，应检修后再用。

（3）必须正确接线。兆欧表上的三个接线柱中，L 接在被测物和大地绝缘的导体部分，E 接被测物的外壳或大地，G 接在被测物的屏蔽上或不需要测量的部分。接线柱 G 是用来屏蔽表面电流的。例如测量电缆的绝缘电阻时，由于绝缘材料表面存在漏电电流，将使测量结果不准确，尤其是在湿度很大的场合及电缆绝缘表面又不干净的情况下，会使测量误差很大。为避免表面电流的影响，在被测物的表面加一个金属屏蔽环，与兆欧表的接线柱 G 相连。这样，表面漏电流从发电机正极出发，经接线柱 G 流回发电机负极而构成回路。漏电流不再经过兆欧表的测量机构，因此从根本上消除了表面漏电流的影响。

（4）接线柱与被测设备间连接的导线不能用双股绝缘线或绞线，应该用单股线分开单独连接，避免因绞线绝缘不良而引起误差。为获得正确的测量结果，被测设备的表面应用干净的布或棉纱擦拭干净。

（5）摇动手柄时应由慢渐渐到快，若发现指针指零，说明被测绝缘物可能出现了短路，这时就不能继续摇动手柄，以防表内线圈发热损坏。手摇发电机要保持匀速，不可忽快忽慢而使指针不停地摆动。通常最适宜的速度是 120r/min。

（6）测量具有大电容设备的绝缘电阻时，读数后不能立即停止摇动兆欧表，否则已被充电的电容器将对兆欧表放电，有可能烧坏兆欧表。应在读数后一方面降低手柄转速，一方面拆去接地端线头，在兆欧表停止转动和被测物充分放电以前，不能用手触及被试设备的导电部分。

（7）记下测量设备的绝缘电阻时，还应记下测量时的温度、湿度、被试物的有关状况等，以便于对测量结果进行分析。

三、电动机维修常用材料

（一）导电材料

导电材料的种类很多，其中铜、铝最为常用。铜的导电性能好，在常温时有足够的机械强度，具有良好的延展性，便于加工，化学性能稳定，不易氧化和腐蚀，容易焊接。这些优点使它广泛用于制造电动机、变压器绕组。电动机和变压器上使用的铜大部分是纯铜（俗称紫铜），含铜量为 99.5%～99.95%。铜分为硬铜和软铜两种。铜材料经过压延、拉制等工序加工后，硬度增加，故称硬铜，通常用于机械强度要求较高的导电零部件。硬铜经过退火处理后，硬度降低，成为软铜。软铜的电阻系数比硬铜小，故适于做电动机、变

压器的绕组。

在产品型号中，铜线的标志是“T”。“TY”表示硬铜，“TR”表示软铜。

铝的导电率约为铜的62%，但它的密度只有铜的33%。铝的资源丰富、价格便宜，所以是铜的最好代用品。电动机和变压器上使用的铝是纯铝，含铝量为99.5%～99.7%。由于加工方法不同，铝也有硬铝和软铝之分。电动机和变压器的绕组使用的是软铝。在产品型号中，铝线的标志是“L”。“LY”表示硬铝，“LR”表示软铝。

下面介绍几种常用的导电材料。

1. 电磁线　电磁线是一种具有绝缘层的导电金属线，用以绕制电工产品的线圈或电动机、变压器的绕组。常用电磁线的线心有圆形和扁形两种，按其绝缘分为漆包线和绕包线两类。电磁线型号中汉语拼音代号含义如表1－7所示。

表1－7　电磁线型号中汉语拼音代号的含义

绝缘层								导体				派生
绝缘漆		绝缘纤维		其他绝缘层		绝缘特征		导体材料		导体特征		
型号	名称	型号	名称	型号	名称	型号	名称	型号	名称	型号	名称	
Q	油性漆	M	棉纱	V	聚氯乙烯	B	编织	L	铝线	B	扁线	－1：薄漆层 －2：厚漆层
QA	聚氨酯漆	SB	玻璃丝	YM	氧化膜	C	醇酸胶漆浸渍	TWC	无磁性铜	D	带（箔）	
QG	硅有机漆	SR	人造丝			E	双层			J	绞制	
QH	环氧漆	ST	天然丝			G	硅有机胶粘漆浸渍			R	柔软	
QQ	缩醛漆	Z	纸			J	加厚					－1：薄漆层 －2：厚漆层
QXY	聚酰胺酰亚胺漆					N	自粘性					
QY	聚酰亚胺漆					F	耐自冷性					
QZ	聚酯漆					S	彩色					
QZY	聚酯亚胺漆											

例如，QZL－1表示聚酯漆、铝线、薄漆层包铝线；QZJBSB表示聚酯漆、绞制、编织、玻璃丝中频绕组线。

（1）漆包线：漆包线的绝缘层是漆膜，是在导线线心上涂覆绝缘漆后烘干而成的。其特点是漆膜均匀、光滑，绝缘层较薄，广泛用于中小型电动机及微型电动机、干式变压器及其他电工产品。由于涂覆绝缘品种不同，所以漆包线有很多类别，常用的有缩醛漆包线、聚酯漆包线、聚酯亚胺漆包线、聚酰胺酰亚胺漆包线和聚酰亚胺漆包线等五类。它们

的品种、规格、特性及主要用途如表 1－8、表 1－9 所示。

表 1－8　常用漆包线的品种、特性及主要用途

类别	名称	型号	耐热等级	优点	局限性	主要用途
缩醛漆包线	缩醛漆包圆铜线	QQ－1、QQ－2	E	耐热冲击性能优；耐刮性优；耐水解性良	漆膜受卷绕应力容易产生裂纹（浸渍前必须在 120℃左右加热 1h 以上，以消除应力）	适用于普通及高速中小型电动机、微型电动机的绕组和油浸式变压器的绕组，以及电器、仪表的线圈
	缩醛漆包圆铝线	QQL－1、QQL－2				
	缩醛漆包扁铜线	QQB				
	缩醛漆包扁铝线	QQLB				
聚酯漆包线	聚酯漆包圆铜线	QZ－1、QZ－2	B	在干燥和潮湿条件下耐电压击穿性能优；软化击穿性能优	耐水解性差（用于密封电动机、电器时须注意）；耐热冲击性能尚可	广泛应用于中小型电动机绕组，干式变压器绕组、仪表的线圈
	聚酯漆包圆铝线	QZL－1、QZL－2				
	聚酯漆包扁铜线	QZB				
	聚酯漆包扁铝线	QZLB				
聚酯亚胺漆包线	聚酯亚胺漆包圆铜线	QZY－1、QZY－2	F	在干燥和潮湿条件下耐电压击穿性能优；耐热冲击性能良；软化击穿性能良	在含水密封系统中易水解（用于密封的电动机、电器时须注意）	适用于高温电动机和制冷设备电动机的绕组，干式变压器的绕组和电器、仪表的线圈
	聚酯亚胺漆包扁铜线	QZYB				
聚酰胺酰安胺漆包线	聚酰胺酰亚胺漆包圆铜线	QXY－1、QXY－2				
	聚酰胺酰亚胺漆包扁铜线	QXYB				
聚酰亚胺漆包线	聚酰亚胺漆包圆铜线	QY－1、QY－2				
	聚酰亚胺漆包扁铜线	QYB				

表 1-9 Q 型、QQ 型及 QZ 型漆包线规格

裸线直径（mm）	漆包线最大外径（mm）			漆包线质量（kg/km）				
	Q	QQ	QZ、QZL、QY	Q	QQ	QZ	QZL	QY
0.05	0.065	—	—	0.018	—	—	—	—
0.06	0.075	0.09	0.09	0.026	0.028	0.028	0.01140	0.029
0.07	0.085	0.10	0.10	0.036	0.037	0.037	0.01458	0.039
0.08	0.095	0.11	0.11	0.046	0.047	0.047	0.01828	0.050
0.09	0.105	0.12	0.12	0.058	0.059	0.059	0.02241	0.063
0.10	0.102	0.13	0.13	0.072	0.074	0.074	0.02690	0.076
0.11	0.103	0.14	0.14	0.087	0.087	0.087	0.03111	0.092
0.12	0.140	0.15	0.15	0.104	0.104	0.104	0.03721	0.108
0.13	0.150	0.16	0.16	0.120	0.120	0.120	0.04302	0.126
0.14	0.160	0.17	0.17	0.140	0.140	0.140	0.04931	0.145
0.15	0.170	0.19	0.19	0.161	0.161	0.161	0.05918	0.167
0.16	0.180	0.20	0.20	0.183	0.183	0.183	0.06646	0.189
0.17	0.190	0.21	0.21	0.206	0.206	0.206	0.07415	0.213
0.18	0.200	0.22	0.22	0.230	0.230	0.230	0.08222	0.237
0.19	0.210	0.23	0.23	0.256	0.256	0.256	0.09081	0.264
0.20	0.225	0.24	0.24	0.285	0.285	0.285	0.09968	0.292
0.21	0.235	0.25	0.25	0.314	0.314	0.314	0.10916	0.321
0.23	0.255	0.28	0.28	0.376	0.376	0.376	0.1334	0.386
0.25	0.275	0.30	0.30	0.443	0.443	0.443	0.1555	0.454
0.27	0.31	0.32	0.32	0.519	0.519	0.519	0.1793	0.529
0.29	0.33	0.34	0.34	0.598	0.599	0.598	0.2046	0.608
0.31	0.35	0.36	0.36	0.685	0.685	0.685	0.2138	0.693
0.33	0.37	0.38	0.38	0.775	0.775	0.775	0.2604	0.784
0.35	0.39	0.41	0.41	0.871	0.871	0.871	0.2984	0.884
0.38	0.42	0.44	0.44	1.025	1.025	1.025	0.3478	1.04
0.41	0.45	0.47	0.47	1.195	1.195	1.195	0.4012	1.21
0.44	0.49	0.50	0.50	1.374	1.374	1.374	0.4582	1.39
0.47	0.52	0.53	0.53	1.566	1.566	1.566	0.5192	1.58
0.49	0.54	0.55	0.55	1.701	1.701	1.701	0.5618	1.72
0.51	0.56	0.58	0.58	1.846	1.843	1.843	0.6168	1.87

续表

裸线直径（mm）	漆包线最大外径（mm）			漆包线质量（kg/km）				
	Q	QQ	QZ、QZL、QY	Q	QQ	QZ	QZL	QY
0.53	0.58	0.60	0.60	1.992	1.987	1.987	0.6638	2.02
0.55	0.60	0.62	0.62	2.144	2.144	2.144	0.7114	2.17
0.57	0.62	0.64	0.64	2.302	2.302	2.302	0.7614	2.34
0.59	0.64	0.66	0.66	2.466	2.466	2.466	0.8127	2.50
0.62	0.67	0.69	0.69	2.720	2.720	2.720	0.8935	2.76
0.64	0.69	0.72	0.72	2.897	2.897	2.897	0.9485	2.94
0.67	0.72	0.75	0.75	3.173	3.163	3.163	1.0181	3.21
0.69	0.74	0.77	0.77	3.374	3.374	3.374	1.1080	3.41
0.72	0.78	0.80	0.80	3.637	3.640	3.640	1.2010	3.70
0.74	0.80	0.83	0.83	3.882	3.882	3.882	1.2814	3.92
0.77	0.83	0.86	0.86	4.196	4.196	4.196	1.2821	4.24
0.80	0.86	0.89	0.89	4.427	4.527	4.527	1.4867	4.58
0.83	0.89	0.92	0.92	4.870	4.842	4.842	1.5941	4.92
0.86	0.92	0.95	0.95	5.227	5.227	5.227	1.7059	5.627
0.90	0.96	0.99	0.99	5.721	5.709	5.709	1.8612	5.78
0.93	0.99	1.02	1.02	6.107	6.107	6.107	1.981	6.16
0.96	1.02	1.05	1.05	6.525	6.493	6.493	2.1055	6.56
1.00	1.07	1.11	1.11	7.069	7.069	7.069	2.3166	7.14
1.04	1.12	1.15	1.15	7.643	7.620	7.620	2.4982	7.72
1.08	1.16	1.19	1.19	8.240	8.240	8.240	2.6850	8.32
1.12	1.20	1.23	1.23	8.860	8.860	8.860	2.8786	8.94
1.16	1.24	1.27	1.27	9.50	9.510	9.510	3.081	9.95
1.20	1.28	1.31	1.31	10.16	10.161	10.161	3.2893	10.4
1.25	1.33	1.36	1.36	11.02	11.021	11.021	3.5547	11.2
1.30	1.38	1.41	1.41	11.91	11.912	11.912	3.8360	12.1
1.35	1.43	1.46	1.46	12.84	12.832	12.832	4.1262	13.0
1.40	1.48	1.51	1.51	13.81	13.819	13.819	4.4276	14.0
1.45	1.53	1.56	1.56	14.81	14.802	14.802	4.720	15.0
1.50	1.58	1.61	1.61	15.84	15.847	15.847	5.0617	16.0
1.56	1.64	1.67	1.67	17.13	17.130	17.103	5.4658	17.3
1.63	1.71	1.73	1.73	18.51	18.456	18.456	5.8800	18.6
1.68	1.77	1.79	1.79	19.82	19.843	19.843	6.13123	20.0
1.74	1.83	1.85	1.85	21.22	21.262	21.262	6.7506	21.4
1.81	1.90	1.93	1.93	23.11	23.030	23.030	7.3168	23.3
1.88	1.97	2.00	2.00	24.93	24.845	24.845	7.886	25.2
1.95	2.04	2.07	2.07	26.73	26.730	26.730	8.4626	27.0

续表

裸线直径（mm）	漆包线最大外径（mm）			漆包线质量（kg/km）				
	Q	QQ	QZ、QZL、QY	Q	QQ	QZ	QZL	QY
2.02	2.12	2.14	2.14	28.77	28.659	28.659	9.065	29.0
2.10	2.20	2.23	2.23	30.88	31.002	31.002	9.820	31.3
2.26	2.36	2.39	2.39	32.37	35.892	35.892	11.324	36.1
2.44	2.54	2.57	2.57	34.54	41.802	41.802	13.161	42.2

（2）绕包线：绕包线是用玻璃丝、绝缘纸或合成树脂薄膜紧密绕包在导线线心上形成的绝缘层。也有在漆包线上再绕包绝缘层的。除薄膜绝缘层外，其他绝缘层均须经胶粘绝缘漆浸渍处理，以提高其电性能、机械性能和防潮性能，所以它们实际上是组合绝缘。绕包线的特点是：绝缘层比漆包线的绝缘层厚，能较好地承受过电压及过载电负荷，一般用于大中型电动机及其他电工产品。根据绕包线的绝缘结构，可分为纸包线、薄膜绕包线、玻璃丝包线、玻璃丝包漆包线等。薄膜绕包线中，由于采用的薄膜制品不同，又分为聚酯薄膜绕包线和聚酰亚胺薄膜绕包线两种。玻璃丝包线中，又有单玻璃丝包线和双玻璃丝包线之分。另外由于浸渍处理时采用的胶粘绝缘品种不同，玻璃丝包线又分为许多品种，常用的绕包线品种、规格、特性及主要用途如表 1 – 10 ~ 表 1 – 13 所示。

表 1 – 10　常用绕包线的品种、特性及主要用途

类别	名称	型号	耐热等级	优点	局限性	主要用途
纸包线	纸包圆铜线	Z	A	浸在变压器油中，使用时耐电压击穿性能优	绝缘纸容易破裂	用作油浸变压器的绕组
	纸包圆铝线	ZL				
	纸包扁铜线	ZB				
	纸包扁铝线	ZLB				
薄膜绕包线	玻璃丝包聚酯薄膜绕包扁铜线		E	耐电压击穿性能好；绝缘层的机械强度高	绝缘层较厚	用于大型高压电动机的线圈
	聚酰亚胺薄膜绕包圆铜线	Y	H	耐热性及耐低温性优；在高温时耐电压击穿性能好；绝缘层比玻璃丝包线薄	在含水密封系统中易水解	用于高温运行的轧钢电动机、牵引电动机、深井油泵电动机及其他特种电动机绕组和干式变压器绕组
	聚酰亚胺薄膜绕包扁铜线	YB				
玻璃丝包线及玻璃丝包漆包线	双玻璃丝包圆铜线	SBEC	B	过负载性能优；耐电晕性优	弯曲性较差；耐潮性较差；绝缘层较厚	用于发电机、中大型电动机、牵引电动机的绕组和干式变压器的绕组
	双玻璃丝包圆铝线	SBELC				

续表

类别	名称	型号	耐热等级	优点	局限性	主要用途
玻璃丝包线及玻璃丝包漆包线	双玻璃丝包扁铜线	SBECB	B	过负载性能优；耐电晕性优	弯曲性较差；耐潮性较差；绝缘层较厚	用于发电机、中大型电动机、牵引电动机的绕组和干式变压器的绕组
	双玻璃丝包扁铝线	SBELCB				
	单玻璃丝包聚酯漆包扁铜线	QZSBCB	B	过负载性能优；耐电晕性能优；耐潮性能好	弯曲性较差；绝缘层较厚	用于发电机、大中型电动机、特种电动机的绕组和干式变压器的绕组
	单玻璃丝包聚酯漆包扁铝线	QZSBLCB				
	双玻璃丝包聚酯漆包扁铜线	QZSBECB				
	双玻璃丝包聚酯漆包扁铝线	QZSBELCB				
	单玻璃丝包聚酯漆包圆铜线	QZSBC				
	单玻璃丝包缩醛漆包圆铜线	QQSBC	E	过负载性能强；耐电晕性能强；耐潮性优	弯曲性较差	适用于高速中小型电动机的绕组和油浸式变压器的绕组
	双玻璃丝包聚酯亚胺漆包扁铜线	QZYSBEFB	F	过负载性能强；耐电晕性优；耐潮性优	弯曲性较差	适用于高温电动机和制冷设备电动机绕组，干式变压器的绕组和电器、仪表的线圈
	单玻璃丝包聚酯亚胺漆包扁铜线	QZYSBFB				
	硅有机漆双玻璃丝包圆铜线	SBEG	H	过负载性能优；耐电晕性优；用硅有机漆浸渍改进了耐水性及耐潮性	弯曲性较差；硅有机浸渍漆的黏合能力差，绝缘层的机械强度较差	适用于发电机、高温负荷电动机、牵引电动机、制冷设备电动机、密封式电动机及其他特种电动机的绕组和干式变压器的绕组
	硅有机漆双玻璃丝包扁铜线	SBEGB				
	双玻璃丝包聚酰亚胺漆包扁铜线	QYSBECB	H	过负载性能优；耐电晕性优；耐潮性优	弯曲性较差	
	单玻璃丝包聚酰亚胺漆包扁铜线	QYSBCB				

表1－11　绕包线型号规格

型号	规格（mm）	型号	规格（mm）
Z ZL	1.0～5.6 1.0～5.6	SBEC SBELC	0.25～6.0 0.25～6.0
ZB	a边0.9～5.6 b边2.0～18.0	SBECB	a边0.9～5.6 b边2.0～18.0
ZLB	a边0.9～5.6 b边2.0～18.0	SBELCB	a边0.9～5.6 b边2.0～18.0
Y	2.5～6.0	QZSBCB	a边0.9～5.6 b边2.0～18.0
YB	a边2.0～5.6 b边2.0～16.0		
QZSBLCB	a边0.9～5.6 b边2.0～18.0	QZYSBFB	a边0.9～5.6 b边2.0～18.0
QZSBECB	a边0.9～5.6 b边2.0～18.0	SBEG	0.25～6.0
QZSBELCB	a边0.9～5.6 b边2.0～18.0	SBEGB	a边0.9～5.6 b边2.0～18.0
QZSBC QQSBC	0.53～2.50 0.53～2.50	QYSBECB	a边0.9～5.6 b边2.0～18.0
QZYSBEFB	a边0.9～5.6 b边2.0～18.0	QYSBCB	a边0.9～5.6 b边2.0～18.0

注释：a边为窄边尺寸，b边为宽边尺寸。

表1－12　双玻璃丝包扁铝线、双玻璃丝包扁铜线和聚酯漆双玻璃丝包线

扁线标称尺寸（mm）		最大绝缘厚度（mm）			
		双玻璃丝包		聚酯漆双玻璃丝包	
a边尺寸	b边尺寸	A－a	B－b	A－a	B－b
0.9～1.95	2.1～5.9 6.0～8.0 8.6～14.5	0.35 0.39 0.45	0.27	0.44 0.46 —	0.36 0.36 —
2.1～3.8	2.1～10.0 10.8～14.5	0.41 0.44	0.33	0.50 —	0.42 —
4.1～5.5	4.1～10.0 10.8～14.5	0.48 0.53	0.40	0.57 —	0.49 —

表 1－13　硅有机漆浸渍双玻璃丝包扁铜线

扁铜线标称尺寸（mm）		最大绝缘厚度（mm）	
a 边尺寸	b 边尺寸	A－a	B－b
0.9～1.95	2.1～2.83	0.35	0.31
	3.05～4.4		0.32
	4.7～5.9		0.34
	6.4～8.0	0.39	
	8.6～9.3	0.45	
	10.0～14.5		0.36
2.1～3.8	2.1～2.83	0.41	0.37
	3.05～4.4		0.38
	4.7～5.9		0.40
	6.4～8.0		
	8.6～9.3		
	10.0～14.5	0.44	0.42
4.10～5.5	2.1～2.83	0.48	0.44
	3.05～4.4		0.45
	4.7～5.9		0.47
	6.4～8.0		
	8.6～9.3		
	10.0～14.5	0.53	0.49

（3）电磁线的选用：电工产品对电磁线有不同的性能要求，因此，在电动机修理时，最好采用原来同型号的电磁线，不要轻易变更。如没有原型号的电磁线，可根据电动机的原耐热等级、模具及电磁线的特性，选择合适的电磁线。电动机修理可供选用的电磁线如表 1－14 所示。

表 1－14　电动机修理可供选用的电磁线

种类	电磁线名称	耐热等级	交流电动机						直流电动机
			通用大型	通用中小型	通用微型	起重辊道型	防爆型	电动工具	轧钢牵引型
漆包线	缩醛漆包线	E		√	√	√		√	
	聚酯漆包线	B		√	√				√

种类	电磁线名称	耐热等级	交流电动机						直流电动机
			通用大型	通用中小型	通用微型	起重辊道型	防爆型	电动工具	轧钢牵引型
漆包线	聚酯亚胺漆包线	F		√	√		√	√	√
	聚酰胺酰亚胺漆包线	H		√	√	√		√	√
	聚酰亚胺漆包线	H						√	
绕包线	玻璃丝包线	B、H	√	√	√		√	√	√
	玻璃丝包漆包线								
	聚酰亚胺薄膜绕包线	H		√					√
	玻璃丝包聚酯薄膜绕包线	E		√	√		√	√	

注：表中“√”号表示可供选用的电磁线。

2. 电动机引出线　由于电动机的品种、耐热等级、电压、电流等因素，电动机引出线的电气性能必须与其适应，绝缘电阻要求高而稳定。例如6kV电动机的引线不仅要求耐电晕和表面电阻高，而且还要考虑安装时的刮、挤、弯折等机械外力，所以还要求有一定的机械强度。几种类型电动机引出线规格如表1－15、表1－16所示。

表1－15　JXHQ型电动机引出线规格

标称横截面积（mm^2）	导线线心结构		外径（mm）	质量（kg/km）	铜重（kg/km）
	根数	单线直径（mm）			
0.2	12	0.15	3.3	14	1.4
0.35	20	0.15	3.4	16	3.3
0.5	16	0.20	3.6	19	4.6
0.75	24	0.20	3.8	23	6.9
1.0	32	0.20	3.9	26	9.2
1.5	48	0.20	4.2	32	13.7
2.5	19	0.41	5.3	52	22.6
4	19	0.52	5.8	71	36.4
6	19	0.64	6.4	96	55.8
10	19	0.82	8.1	154	90.5

续表

标称横截面积（mm^2）	导线线心结构		外径（mm）	质量（kg/km）	铜重（kg/km）
	根数	单线直径（mm）			
16	49	0.64	9.8	233	143.2
25	98	0.58	12.1	362	235.6
35	133	0.58	13.1	462	319.8
50	133	0.68	15.4	635	439
70	189	0.68	17.8	864	626.2
95	256	0.68	19.9	1148	859.2

表1－16　JVR型电动机、电器用丁腈聚氯乙烯绝缘引线规格

标称横截面积（mm^2）	导线线心结构		导线线心在20℃时的直流电阻（Ω/km）		绝缘标称厚度（mm）	电线最大外径（mm）	电线计算质量（kg/km）
	根数	直径（mm）	铜心	镀锡铜心			
0.06	7	0.10	337	364	0.4	1.2	1.7
0.10	12	0.10	197	202	0.4	1.35	2.3
0.12	16	0.10	143	151	0.4	1.4	2.7
0.15	19	0.10	124	127	0.4	1.45	3
0.2	12	0.15	85.7	89.6	0.4	1.6	3.7
0.3	16	0.15	64.3	67.2	0.5	1.9	5.3
0.4	23	0.15	43.9	46.8	0.5	2.1	6.8
0.5	28	0.15	36.7	38.2	0.5	2.2	7.8
0.6	34	0.15	30.0	31.6	0.7	2.7	11
0.7	40	0.15	25.4	26.9	0.7	2.9	12
0.8	45	0.15	22.5	23.9	0.7	2.9	13
1.0	32	0.20	17.8	18.9	0.7	3.0	16
1.2	38	0.20	15.1	15.9	0.7	3.3	18
1.5	48	0.20	11.9	12.6	0.7	3.4	21
2.0	49	0.23	8.82	9.33	1.0	4.5	32
2.5	49	0.26	6.92	7.30	1.0	4.8	39
3	49	0.28	5.96	6.30	1.0	5.0	44
4	77	0.26	4.40	4.65	1.0	5.2	54
5	98	0.26	3.46	3.65	1.0	6.0	68
6	77	0.32	2.92	3.07	1.0	6.6	79

（二）绝缘材料

绝缘材料又称为电介质，主要用来隔离带电的或不同电位的导体，使电流能按一定方向流通。它在不同电工产品中分别起着散热冷却、机械支撑和固定、储能、灭弧、改善电位梯度、防潮、防霉以及保护导体等作用。绝缘材料是决定电动机运行可靠性的关键材料。随着运行时间的延续，绝缘材料必然要老化，并且其老化速度要比其他材料快，所以决定电动机使用寿命的关键材料也是绝缘材料。

1. 绝缘材料的分类和性能指标

（1）分类：电工常用的绝缘材料按其化学性质不同，可分为无机绝缘材料、有机绝缘材料和混合绝缘材料。

1）无机绝缘材料：有云母、石棉、大理石、瓷器、玻璃、硫黄等，主要用于电动机、电气绕组的绝缘、开关的底板和绝缘子等。

2）有机绝缘材料：有虫胶、树脂、橡胶、棉纱、纸、麻、蚕丝、人造丝，大多用于制造绝缘漆、绕组导线的被覆绝缘物等。

3）混合绝缘材料：由以上两种材料加工制成的各种成型绝缘材料，用于电器的底座、外壳等。

（2）性能指标：电工常用绝缘材料的性能指标如绝缘耐压强度、抗张强度、密度、膨胀系数等。

1）绝缘耐压强度：绝缘物质在电场中，当电场强度增大到某一极限时，就会被击穿。这个绝缘被击穿的电场强度称为绝缘耐压强度（又称介电强度或绝缘强度），通常以1mm厚的绝缘材料所能承受的最高电压（kV）值表示。

2）抗张强度：抗张强度指绝缘材料每单位横截面积能承受的拉力。如玻璃每平方厘米横截面积上能承受的拉力为140kg。

3）密度：绝缘材料每立方米体积的质量为绝缘材料的密度，例如硫黄每立方米体积有2g。

4）膨胀系数：膨胀系数指绝缘体受热以后体积增大的程度。

（3）绝缘材料的耐热等级：电动机中常用的绝缘材料，按其耐热能力分为Y、A、E、B、F、H和C七个等级。

1）Y级绝缘材料：包括木材、棉花、纤维等天然的纺织品，以醋酸纤维和聚酰胺为基础的纺织品，以及易于分解和熔化点较低的塑料。极限工作温度为90℃。

2）A级绝缘材料：指工作于矿物油中的和用油或油树脂复合胶浸过的Y级材料，如漆包线、漆布、漆丝的绝缘及油性漆、沥青漆等。极限工作温度为105℃。

3）E级绝缘材料：包括聚酯薄膜和A级材料复合、玻璃布、油性树脂漆、聚乙烯醇缩醛高强度漆包线、乙酸乙烯耐热漆包线。极限工作温度为120℃。

4）B级绝缘材料：是由云母、玻璃纤维、石棉等无机物经过有机漆或树脂作为黏合剂黏合而制成的。极限工作温度为130℃。

5）F级绝缘材料：包括以有机纤维材料补强的云母制品，玻璃丝、石棉和玻璃棉布，以玻璃丝布和石棉纤维为基础的层压制品，以无机材料补强的云母粉制品，化学热稳定性较好的聚酯类或醇酸类材料，复合硅有机聚酯漆。极限工作温度为155℃。

6）H级绝缘材料：无补强或以无机材料为补强的云母制品、加厚的F级材料、复合云母、有机硅云母制品、硅有机漆、硅有机橡胶、聚酰亚胺复合玻璃布、复合薄膜、聚酰亚胺漆等。极限工作温度为180℃。

7）C级绝缘材料：包括无黏合剂的石英、石棉、云母，用热稳定性特别好的有机树脂，聚酰亚胺浸渍漆等处理过的石棉、玻璃纤维织物或其他制成物，以及聚酰亚胺基漆包线的磁漆－聚酰亚胺薄膜等。极限工作温度为180℃以上。

2. 绝缘漆　绝缘漆用作电动机的绝缘和保护。常用绝缘漆的特点与用途如表1－17所示。

表1－17　常用绝缘漆的特点与用途

油漆代号	名称	耐热等级	特点及用途
1033（H30－2）	聚酯绝缘漆	F	耐热性和电气性能较好，黏结力强，供浸渍F级电动机、电器的线圈等
1053（W30－1）	有机硅浸渍漆	H	耐热性和电气性能好，在高温和受潮后仍有良好的绝缘性能，供浸渍H级电动机、电器的线圈和零部件等
931（W30－P）	聚酯改性有机硅漆	H	黏结力较强，耐潮性和电气性能好，具有较高的耐热性，供浸渍H级电动机、电器的线圈和零部件等
110	环氧无溶剂浸渍漆	B	黏度低，击穿强度高，耐潮性、耐霉性和机械、电气性能好，供浸渍低压电动机、电器的线圈等
EI	环氧聚酯无溶剂漆	F	黏度低，挥发物少，存储稳定性好，供浸渍F级电动机、电器的线圈等
PAL－2	聚酰胺酰亚胺浸渍漆	H	耐热性好、黏结力强，电气性能优良，耐辐射性好，供浸渍耐高温或在特殊条件下工作的电动机、电器的线圈

3. 绝缘漆布　常用绝缘漆布的性能及用途如表1－18所示。

表1－18　绝缘漆布的性能及用途

名称	耐热等级	特点及用途
环氧玻璃漆布	B	具有良好的电气和机械性能，有良好的耐化学药品和耐湿热性能，适用于需要耐化学腐蚀的电动机与电器的槽绝缘和衬垫绝缘
有机硅玻璃漆布	H	具有较高的耐热性、耐霉性、耐油性、耐寒性和柔软性，适用于H级电动机与电器的包扎绝缘、衬垫和线圈绝缘
聚酰亚胺玻璃漆布	C	具有较高的耐热性、良好的电气和机械性能，优良的防潮、耐辐射和耐溶剂性能，适用于在较高环境温度中工作的电动机与电器的槽绝缘和包扎绝缘、衬垫和线圈绝缘

4. 绝缘漆管（绝缘套管）的性能及用途　常用绝缘漆管（绝缘套管）的性能及用途如表1－19所示。

表 1－19　绝缘漆管（绝缘套管）的性能及用途

名称	耐热等级	特点及用途
油性玻璃漆管	E	具有良好的电气性能和弹性，但耐热性、耐潮性和耐霉性较差，主要用于仪器仪表，电动机和电气设备的引出线与连接线的绝缘
醇酸玻璃漆管	B	具有良好的电气性能和机械性能，耐热性、耐油性较好，但弹性较差，主要用于仪器仪表，电动机和电气设备的引出线与连接线的绝缘
聚氯乙烯玻璃漆管	B	具有良好的弹性，较好的电气性能和机械性能，耐热性、耐化学性较好，主要用于仪器仪表，电动机和电气设备的引出线与连接线的绝缘
有机硅玻璃漆管	H	具有较高的耐热性、耐潮性和柔软性，适用于 H 级电动机、电气设备的引出线与连接线的绝缘

5. 槽绝缘及垫条的常用材料及性能用途　常用槽绝缘及垫条的常用材料及性能用途如表 1－20 所示。

表 1－20　槽绝缘及垫条的常用材料及性能用途

耐热等级	槽绝缘及垫条的材料名称、型号、长度	槽绝缘推力/N
A	竹（经油煮处理）、红钢纸、电工纸板（比槽绝缘短 2～3mm）	155
E	酚醛层压板 3020、3021、3022、3023，酚醛层压板 3025、3027（比槽绝缘短 2～3mm）	200
B	酚醛层压玻璃布板 3230、3231（比槽绝缘短 4～6mm），MDB 复合槽绝缘（长度等于槽绝缘）	244
F	环氧酚醛玻璃布板 3240（比槽绝缘短 4～6mm），MDB 复合槽绝缘（长度等于槽绝缘）	247
H	有机硅环氧层玻璃布板 3250，有机硅层压玻璃布板 3251，聚二苯醚层压玻璃布板 9330（比槽绝缘短 4～6mm）	247

6. 常用电工薄膜、复合薄膜的性能及用途　常用电工薄膜、复合薄膜的性能及用途如表 1－21 所示。

表 1－21　常用电工薄膜、复合薄膜的性能及用途

名称	耐热等级	特点及用途
聚酯薄膜（涤纶薄膜）	E	具有较高的抗张强度、绝缘电阻和抗击穿强度，但耐电晕性差，主要用作低压电动机电器线圈的匝间和端部包扎绝缘、衬垫绝缘、电磁线绝缘、E 级电动机槽绝缘及电容器介质
聚萘酯薄膜	F	耐气候性和化学稳定性优良，弹性好，主要用作 F 级电动机槽绝缘、线圈绕包绝缘和端部绝缘等
芳香族聚酰胺薄膜	H	耐溶剂性好，耐变压器油性能好，具有一定的电气和机械性能，主要用作 F、H 级电动机槽绝缘等
聚酰亚胺薄膜	C	能耐所有的有机溶剂和酸，具有优异的耐高温性和耐寒性，有较好的耐磨性、耐电弧性和抗辐射性能，主要用于 H 级电动机槽绝缘

续表

名称	耐热等级	特点及用途
聚酯薄膜绝缘纸复合箔	E	主要用于E级电动机槽绝缘、端部和层间绝缘
聚酯薄膜玻璃漆布复合箔	B	主要用于B级电动机槽绝缘，端部和层间绝缘，匝间绝缘和衬垫绝缘，并可用于湿热环境
聚酯薄膜聚酯纤维纸复合箔	B	主要用于B级电动机槽绝缘，端部和层间绝缘，匝间绝缘和衬垫绝缘，并可用于湿热环境
聚酯薄膜芳香族聚酰胺纤维纸复合箔	F	主要用于F级电动机槽绝缘，端部和层间绝缘，匝间绝缘和衬垫绝缘，并可用于湿热环境
聚酰亚胺薄膜芳香族聚酰胺纤维纸复合箔	H	主要用于H级电动机槽绝缘，端部和层间绝缘，匝间绝缘和衬垫绝缘，并可用于湿热环境

（三）磁性材料

1. 硅钢片　硅钢片是一种合金，是在纯铁中加入少量的硅（一般在4.5%以下）形成的铁硅系合金。它们具有较好的磁电性能，又易于大批生产，价格便宜，机械应力影响小。对小型电动机、电抗器和继电器，可选纯铁或低硅钢片；对于大型电动机，可选高硅热轧硅钢片、单取向或无取向冷轧硅钢片；对于变压器，常选用单取向冷轧硅钢片。在工频下使用时，常用带材的厚度为0.2～0.35mm；在400Hz下使用时，常选0.1mm厚度为宜。厚度越薄，价格越高。

2. 电工纯铁　电工纯铁的牌号、规格及用途如表1－22所示。

表1－22　电工纯铁的牌号、规格及用途

<table>
<tr><th rowspan="2">种类</th><th colspan="3">牌号</th><th rowspan="2">规格</th><th rowspan="2">用途</th></tr>
<tr><th>名称</th><th>磁性等级</th><th>代号</th></tr>
<tr><td rowspan="2">原料纯铁</td><td>电铁1</td><td>普级</td><td>DT1</td><td rowspan="11">纯铁材料断面积小于250mm²，纯铁薄板最大厚度为4mm</td><td>不保证磁时效的磁性元件和一般炉料</td></tr>
<tr><td>电铁2</td><td>普级</td><td>DT2</td><td>不保证磁时效的磁性元件和高纯度炉料</td></tr>
<tr><td rowspan="7">铝纯铁</td><td>电铁3</td><td>普级</td><td>DT3</td><td rowspan="3">不保证磁时效的一般电磁元件</td></tr>
<tr><td>电铁3高</td><td>高级</td><td>DT3A</td></tr>
<tr><td>电铁4</td><td>普级</td><td>DT4</td></tr>
<tr><td>电铁4高</td><td>高级</td><td>DT4A</td><td rowspan="4">在一定时效工艺下，保证磁时效的电磁元件</td></tr>
<tr><td>电铁4特</td><td>特级</td><td>DT4E</td></tr>
<tr><td>电铁4超</td><td>超级</td><td>DT4C</td></tr>
<tr><td></td><td></td><td></td></tr>
<tr><td rowspan="2">纯铁</td><td>电铁5</td><td>普级</td><td>DT5</td><td rowspan="2">不保证磁时效的一般磁性元件</td></tr>
<tr><td>电铁5高</td><td>高级</td><td>DT5A</td></tr>
</table>

续表

种类	牌号			规格	用途
	名称	磁性等级	代号		
纯铁	电铁6	普级	DT6	纯铁材料断面积小于250mm²，纯铁薄板最大厚度为4mm	在一定时效工艺下，保证磁时效、磁性范围较稳定的电磁元件
	电铁6高	高级	DT6A		
	电铁6特	特级	DT6E		
	电铁6超	超级	DT6C		

习题

1. 试简述三相异步电动机的基本结构和各部分的作用。
2. 有一台电动机的型号是 Y－100L2－4－WF1，请说明其意义。
3. 游标卡尺在使用时应该注意什么?
4. 百分表保养时应注意什么?
5. 电动机维修时常用的导线材料有哪些?
6. 绝缘材料的耐热等级分别有哪几种? 对应的极限温度是多少?

项目二　三相异步电动机的安装、拆卸和装配

知识目标：

1. 了解三相异步电动机的安装方法。
2. 掌握三相异步电动机的接线、电气安装调试的内容。
3. 熟悉三相异步电动机试车的检查过程。

技能目标：

1. 掌握三相异步电动机的安装过程。
2. 熟练掌握三相异步电动机的拆卸和装配过程。

任务一　三相异步电动机的安装

一、三相异步电动机安装前的检查及干燥处理

（一）三相异步电动机的一般检查

对于容量在40kW及以上的三相异步电动机，应进行解体抽芯检查，即将转子从定子内抽出来进行检查。检查内容如下：

（1）检查定子槽绝缘有无断裂，定子绕组绝缘是否符合标准要求。

（2）检查转子铁心、轴颈、滑环、电刷等是否清洁，有无伤痕和锈蚀现象，检查笼型转子导条和短路端环有无断裂，连接是否良好等。

（3）冷却风扇应紧固、无裂痕，与风扇罩壳应无撞击等。

（4）用压力小于2个大气压（$2\times1.013\times10^5$Pa）的清洁、干燥和无油渍的压缩空气将三相异步电动机内、外吹干净，再用干净棉纱布擦拭一遍。

（5）在进行三相异步电动机解体抽芯检查之前，还需要做转动检查、轴承检查和气隙检查等。

1）转动检查：就是在三相异步电动机转子尚未与所驱动的工作机械连接时，用手转动转子进行检查。正常时用手可轻松自如地转动转子，无卡阻现象，且没有机械摩擦碰击声和其他异常声响。

2）轴承检查：就是将轴承内的润滑油先用煤油或其他清洁剂冲洗干净，轴承滚珠（柱）表面应光滑，无裂纹和锈蚀斑点。轴承内套不应在轴上滑动松脱，轴承外套应均匀地压住滚动轴承的外圈，应无歪扭现象。轴承外套与滚动轴承应有不大于0.1mm的间隙。如果发现轴

承锈蚀，磨损严重，则应采用拆卸轴承的专用工具进行更换。安装轴承多采用“热套法”，即将轴承浸入80～90℃的变压器油内30min，再将轴承的钢印牌号朝外进行热套。轴承安装完毕，再用变压器油清洗干净后，在轴承加入占其内空间约2/3的润滑油即可。

3）气隙检查：即用塞尺检测电动机定子、转子间的气隙是否符合规定要求，检测定子、转子间上、下、左、右的气隙不均匀度δ_{xd}是否在允许范围内。三相异步电动机的平均气隙值如表2－1所示。气隙不均匀度则不能超过表2－2的规定值。

表2－1　三相异步电动机的平均气隙值

电动机的容量（kW）	0.5～0.75	1～2	2～7.5	10～15	20～40	50～75	100～180	200～250
正常气隙（mm）	0.25	0.30	0.35	0.40	0.50	0.65	0.80	1.00
增大的气隙（mm）	0.40	0.50	0.65	0.65	0.80	1.00	1.25	1.50
电动机转速	500～1500r/min							
电动机的容量（kW）	0.5～0.75	1～2	2～7.5	10～15	20～40	50～75	100～180	200～250
正常气隙（mm）	0.30	0.35	0.50	0.65	0.80	1.00	1.25	1.50
增大的气隙（mm）	0.50	0.50	0.80	1.00	1.25	1.50	1.75	2.00
电动机转速	3000r/min							

表2－2　异步电动机气隙不均匀度δ_{xd}的最大允许值

气隙公称值（mm）	不均匀度（%）	气隙公称值（mm）	不均匀度（%）
0.25	25.5	0.70	18.5
0.30	24.5	0.75	18.0
0.35	23.5	0.80	17.5
0.40	23.0	0.85	17.0
0.45	22.0	0.90	16.0
0.50	21.5	0.95	15.5
0.55	20.5	1.00	15.0
0.60	19.7	>1	10.0
0.65	19.0		

气隙不均匀度定义为

$$\delta_{xd} = (\delta_{max} - \delta_{min}) \times 100\% / \delta_{pj} \quad (2-1)$$

式中　δ_{max}——测量四点气隙中的最大值，mm；

δ_{min}——测量四点气隙中的最小值，mm；

δ_{pj}——测量四点气隙的平均值，mm。设四点所测气隙大小分别为δ_1、δ_2、δ_3和δ_4，则$\delta_{pj} = (\delta_1 + \delta_2 + \delta_3 + \delta_4)/4$。

如果所得的气隙不均匀度超过其最大允许值，则应在解体抽芯检查后的重新装配过程中加以调整。

如所安装的电动机功率不超过40kW，可不用抽出转子检查，而只需做一般检查即可，其主要检查内容如下。

（1）检查电动机外壳有无损伤，防锈漆是否有脱落之处，如果防锈漆脱落应及时补漆。

（2）检查风扇罩、风扇叶片是否完好，有无摩擦碰撞；转子的转动是否灵活自如，轴向窜动是否超过规定范围。

（3）检查电动机的型号、功率、电压等是否与设计图纸相符。

（4）测量电动机的绝缘电阻，其值应大于或等于规范要求的最低电阻值。

（二）三相异步电动机的干燥处理

若三相异步电动机长期存放而不通电运行，很易受潮而使绝缘强度降低，因此，在安装三相异步电动机之前，应选用合适的兆欧表测量三相异步电动机的各相绕组之间及各相绕组与机壳之间的绝缘电阻。

在实际测量中，应根据被测三相异步电动机的额定电压和绝缘电阻的大致范围选用兆欧表。一般1000V以下的三相异步电动机，选用500～1000V、量程为0～250MΩ的兆欧表，常温下所测得的绝缘电阻值均应在0.5MΩ以上为合格；1000V及以上的三相异步电动机，其定子绕组选用2500V、量程为0～2500MΩ的兆欧表测量绝缘电阻，在运行温度时所测得的绝缘电阻应不低于1MΩ/kV，转子绕组则选用500～1000V、量程为0～250MΩ的兆欧表测量绝缘电阻，其值应不低于0.5MΩ/kV。如果所测得的绝缘电阻低于上述数值时，应对三相异步电动机进行干燥处理。

三相异步电动机的干燥处理方法很多，下面介绍其中几种常用的干燥处理方法。

1. 铁损法　所谓铁损法，就是在三相异步电动机定子铁心或机壳上临时缠绕线圈，并通以交流电流，在铁心机壳内产生交变磁通，并感生出涡流，从而使铁心机壳温度升高，达到使三相异步电动机干燥的目的。对于小型三相异步电动机，可把转子从定子内抽出，在定子上缠绕数匝线圈；对于大中型三相异步电动机，可直接在机壳上缠绕数匝线圈进行干燥处理。

2. 铜损法　铜损法是直接将交流电流或直流电流通入三相异步电动机绕组，通过三相异步电动机绕组本身的发热达到电动机干燥的目的。铜损法包括交流干燥法和直流干燥法两种。

（1）交流干燥法：对于三相笼型异步电动机，可在定子绕组中通入较低的三相交流电流。例如，对3～6kV三相异步电动机可接入380V三相电源，使三相异步电动机空载缓慢旋转；也可将三相异步电动机堵转，即使三相异步电动机处于短路运行状态，但应使定子电流不超过50%～70%的额定电流。每隔2h应暂时切断电源，并将转子旋转180°，以防其转轴因长时间受热不均匀而弯曲。这样，干燥一段时间后再松开转子，使其空载缓慢旋转，以散热除潮。然后再将三相异步电动机堵转，如此反复干燥处理，使三相异步电动机满足绝缘强度的要求。三相异步电动机的温度可用电阻法测量，应使温度控制在90℃以内，并防止转子局部过热。

对于绕线式三相异步电动机，应通过电刷将转子三相绕组的三端短接后，再采用上述方法对三相异步电动机进行干燥处理。

（2）直流干燥法：直流干燥法是在三相异步电动机绕组中通入直流电流，这种方法适

用于带有轴承和通风孔较大的交流三相异步电动机的干燥处理。可将三相异步电动机的定子（绕线式电动机还应包括转子）三相绕组串联或并联后，再通入直流电，但应注意不使电流超过其额定电流。

对于严重受潮的三相异步电动机不宜采用直流干燥法，因为直流电对于严重受潮的绕组有一定的电解作用。

3. 外部加热法：小型三相异步电动机可放在干燥炉内或在其周围用红外线灯和碘钨灯照射干燥，加热最高温度控制在100℃，以防烤坏绝缘；对中型以上三相异步电动机，采用热风在棚内干燥，风温控制在90～95℃。当采用热风循环干燥时，热空气的温度应不超过80℃。干燥的热源离绕组不要太近。新三相异步电动机可利用机座下面风道中的加热器通电干燥，三相异步电动机上面应盖罩保温，罩的上端开孔排潮。

二、三相异步电动机的机体安装

三相异步电动机的安装必须十分仔细，日后三相异步电动机运行的性能在很大程度上取决于三相异步电动机的调整中心及有关基础的安装刚性。

三相异步电动机的安装工作主要包括搬运、混凝土基础建造、地脚螺栓埋设、三相异步电动机安放就位与校正，以及三相异步电动机传动装置的安装与校正等工序。

（一）三相异步电动机的搬运

所有三相异步电动机的起吊都必须用吊杆或吊孔，决不允许在铁心冲片或线圈处起吊或支撑，当起吊整台三相异步电动机时，要用吊索以使重量分配均匀，并用撑杆以免顶罩变形。安装时粗心大意的搬运及不正确地使用吊杆吊钩对三相异步电动机的损害很大。搬运三相异步电动机时应小心不使绕组受损伤。对绕组任何部分的强烈触动很可能损伤绝缘并导致线圈的烧毁。如果要将三相异步电动机暂时放置，应将三相异步电动机或部件放到适当水平的支架上。

注意：不要用顶罩上的吊攀起吊整台三相异步电动机。如果较重的联轴器或其他附件使起吊不平衡，应另加吊索以防三相异步电动机倾倒。

中、大容量的三相异步电动机，往往备有转子固定装置以防转子的移动。搬动整台电动机时，必须装上转子固定装置。不装固定装置会使电动机可能因转子轴向移动而发生损伤。

（二）混凝土基础的建造与地脚螺栓埋设

中小型三相异步电动机一般与工作机械配套整体安装，可用螺栓安装在金属底板或导轨上。有些也直接安装在混凝土基础上，用预埋的地脚螺栓固定三相异步电动机，其就位、找平、连接传动轮等工作均在混凝土基础上进行。

1. 混凝土基础的建造　混凝土基础必须是刚性的，以使将运行时三相异步电动机的振动及轴线的不对准程度减至最小。基础最好是将足够深的刚性混凝土墩子坐在刚性的地基上。钢筋混凝土基础的平面尺寸一般按金属底板或三相异步电动机的机座尺寸外加100mm左右，基础深度可按地脚螺栓长度的1.5～2倍选取，但应大于当地土壤的冻土层厚度。在易受振动的地方，基础还应做成锯齿状，以增加抗震性能。如果必须将三相异步电动机置于钢构架上而不是混凝土基础上时，则梁架必须有足够的支柱来支撑。一个常见的现象是三相异步电动机安装后产生振动，原因是基础设计时没有充分考虑而将三相异步电动机安装在高支撑架上。如果地脚螺栓埋入深度未明确规定，一般埋入深度为螺栓直径的20～30倍。如果在三相异步电动机下面需要有地坑，则应有足够大的工作空间以便安装和维修。

2. 地脚螺栓埋设　先将地脚螺栓的埋设端加工成弯钩状。在制作基础时，按钢底架或三相异步电动机的机座安装孔尺寸，在基础上预留埋设地脚螺栓的孔洞，孔洞应较地脚螺栓弯钩适当大一些。待基础凝固拆模后，再将地脚螺栓按金属底板或三相异步电动机的机座安装孔尺寸安放在基础孔眼内，并用1:1水泥砂浆埋设。凝固后即可。

3. 灌浆　浆泥是将清洁的砂与水泥按1:1的比例混合而成的。底架灌浆前先充分搅拌浆泥，然后进行浆泥的浇灌工作，在底架或底板中灌入浆泥，到能够使底架或底板之下充分填塞为止。浆泥搅拌及浇灌的整个操作过程不能间断并尽可能地快。如果底架或底板的灌浆工作进行得马虎，就得不到坚固的基础。浆泥应该充填底架或底板的所有结构空间，并且浇注到与底架或底板的顶面齐平为止，这样使得底架或底板与基础的粗糙面之间固定得很好。

(三) 三相异步电动机的安装

用起重机械或人工将三相异步电动机在基础上安装就位，用水准仪或水平尺进行纵向、横向水平校正，不水平时用0.5～5mm厚的钢板垫在机座和基础之间即可。再用水泥砂浆二次浇铸，将安装面缝隙填实，抹平基础平面，将地脚螺栓的螺母扳紧，将三相异步电动机固定好，如图2-1所示。再用水平仪测试，直到安装水平，如图2-2所示。

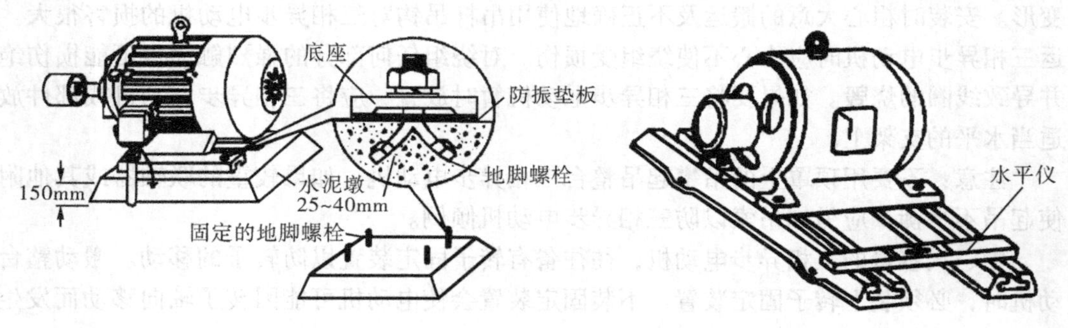

图2-1　电动机的安装　　图2-2　水平校正

(四) 三相异步电动机传动装置的调整

在三相异步电动机与被驱动的生产机械通过传动装置连接之前，必须对传动装置进行精细的调整，才能保证三相异步电动机和被驱动生产机械的安全运行。常用的传动装置有皮带传动装置、联轴器传动装置和齿轮传动装置等三种，其调整方法分别介绍如下。

1. 皮带传动装置的调整　在进行皮带传动装置调整时，首先使三相异步电动机皮带轮的轴与被驱动机械的轴保持平行；其次，两皮带轮宽度的中心线应在一条直线上。

如果两皮带轮的宽度相同，调整时可利用一根弦线，在皮带轮的侧面进行，如图2-3a所示。调整时，一人拿着弦线的一端，使弦线拉紧并紧靠两个皮带轮的端面。如果两轴平行，则弦线必然触及*A*、*B*、*C*、*D*四点。如果两轴不平行，就要进行调整。如果两皮带轮的宽度不同，可用粉笔或划针划出每一皮带轮的中心线，再用一根弦紧靠在*A*、*B*两点

上，再在 C、D 两点上用尺量出 l_C 与 l_D 的长度，若 $l_C+b=l_D+b=l$，则两轮的中心线必然在一条直线上，如图 2－3b 所示。

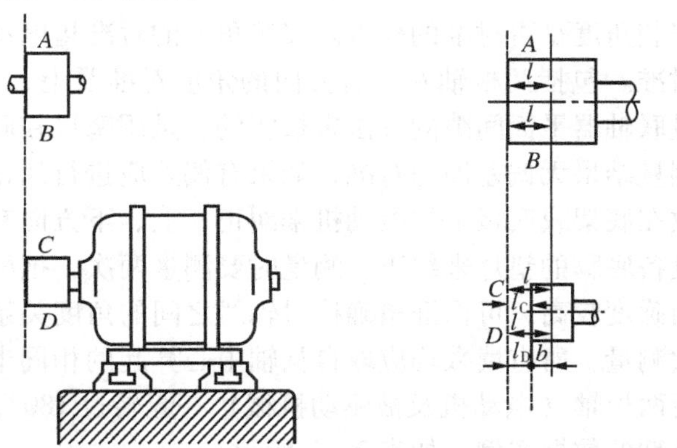

图 2－3　皮带轮轴平行的调整校验

2. 联轴器传动装置的调整　联轴器俗称"靠背轮"，当电动机与被驱动机械采用联轴器连接时，必须使两轴的轴线在同一条直线上，以保证电动机和被传动机械平稳安全运行。否则，将会产生很大振动和噪声，甚至会使传动装置及设备损坏。另外，由于电动机转子和被驱动机械转动部分的重力使轴产生一定的挠度，从而使联轴器的两端面不平行。为了避免这种现象的发生，在安装时必须使两端轴承装得稍高一些，以保证联轴器两端面平行。调整时，先取下连接螺栓，用钢尺测量纵向水平间隙 a 和轴向间隙 b，如图 2－4 所示。然后将电动机端的联轴器转 180°，再测量 a 和 b 的数值。若各个位置上测得的 a、b 值的偏差不超过规定数值，可以认为联轴器两端面平行，且轴中心对准。否则，还要进一步调整。

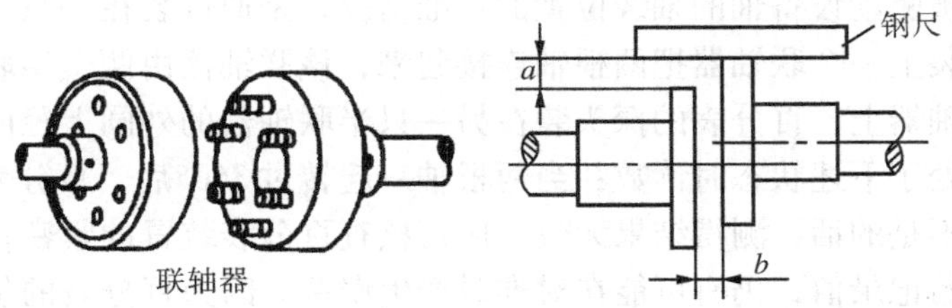

图 2－4　联轴器传动调整校验

安装滑动轴承的电动机转子，应放置于磁中心指示铭牌所标志的磁中心位置或转子轴向游动的中心点位置（机械中心）。如果无法确定磁中心位置或者没有提供磁中心位置的标志，则把转子放置在机械中心。应特别注意，在某些情况下，被驱动机械的轴有热膨胀。尽管电动机在室温下安装时处于磁中心位置，但在热运行状态，会引起转子轴向位置偏移，从而使电动机不能正常运行。所以必须确保电动机转子在热运行状态下也始终处于磁中心对准的位置。解决方法是，在室温下安装电动机时应将定子向远离被驱动机械的方向移一段小距离，其数值等于被驱动机械的轴在额定运行温度下的膨胀值。此小段距离应由被驱动机械的制造厂提供。假如滑动轴承电动机的总游动间隙是 a，联轴器游动间隙必

须限制在0.36～0.38a，则游动中心线在机械中心处，是为了防止电动机轴承因受推力负载而损坏。

电动机还需进行安装角度是否对准的检查。安装角度的对准指电动机轴及被驱动设备的轴之间安装角度的对准。包括两根轴左、右方向的角度对准及上、下方向角度的对准。角度的对准是通过测量联轴器平面间隙的方法来核实的，是用塞尺在联轴器顶部、底部及两侧的位置上测量，测量结果无偏差即为对准，如果有偏差应进行纠正。左、右方向有角度偏差时，可以移动放在底架或底板上的电动机来纠正；上、下方向有角度偏差时，可以增加电动机或被驱动设备底脚的垫片来纠正。测量时要测量两次，把两次测量结果取平均值，即为最终结果，精确度较高，可保证精确核对轴线之间的角度关系而不受任何轴向位置突出的影响。第一次测量，所有读数均应取自从轴中心算起的相同半径处，并在尽可能大的直径位置处。然后两根轴（电动机及被驱动机械）一起转过180°，再在每个90°位置处测量并读数。一组典型的数据实例，如表2－3所示。

表2－3　典型数据实例　(mm)

从电动机侧看的位置	顶部间隙	底部间隙	右部间隙	左部间隙
初始读数	4.77	4.9	4.8	4.8
两根轴都旋转180°后	4.52	4.9	4.65	4.85
总和	9.29	9.8	9.45	9.65
平均值	4.65	4.9	4.72	4.83

这组数据显示：在半联轴器之间底部间隙较顶部大0.25mm，左部较右部大0.11mm。左、右方向的角度偏差可以通过移动放在底架或底板上的电动机来纠正。上、下方向的角度偏差可以通过增加电动机或被驱动机械底脚的垫片来纠正。

电动机轴及被驱动设备轴的轴线位置的对准情况，是通过装在一只半联轴器上的百分表进行检查的。装上一个联轴器把两根轴连接起来，该联轴器由两个半联轴器组成，百分表装在一只半联轴器上，百分表的探头装在另一只半联轴器的外圆上径向地读取读数。应使百分表的探头处于下述状态时读数：当两根轴一起转过360°后，百分表的读数应重复初始记录值。如果不是的话，测得结果无效，应再核查百分表装置的紧密程度以后再测。即使读数重复了初始记录值，仍有可能在对准时产生误差。因为百分表的位置随着轴的转动而从顶部转到底部，使百分表的支撑臂产生变形。当支撑臂长度大于50mm或支撑臂直径相对于百分表重量较小时，这种误差就不可忽视了。为了修正这种误差，可将此百分表装置移开，再同心地装到一根钢管或钢棒上，而使表的端头触及钢棒。移动中应使装置的支撑臂不改变长度及角度。为了便于用手转动，棒长度应比装置再增加大约两手指宽。为了有效地提高刚性，钢棒的直径应大于装置支撑臂直径的两倍。当百分表位置在顶部时将其读数置零，然后将百分表转动并记录读数，百分表的位置依次是右侧90°、底部、左侧90°及顶部，反复核对读数的协调一致性。左、右侧的读数应等于底部读数的一半。这样做的目的是确定由于百分表的重量在其支撑装置上产生变形的补偿量。将此数值加到轴线位置调准时所得的读数上。表2－4所示为一组典型的装在钢棒上的百分表读取到的补偿量数据。

表 2－4　装在钢棒上的百分表读取到的补偿量数值　　　　(mm)

百分表的位置	顶部	底部	右侧	左侧
补偿量	0	－0.076	－0.038	－0.038

如前所述，不改变百分表装置的支撑臂长度和角度，再将百分表回复放置于联轴器上，以校核是否重复原始读数。下面是一组典型数据及如何使用补偿量的例子，如表 2－5 所示。

表 2－5　百分表探头装在电动机半联轴器上的数据及补偿量　　(mm)

从电动机处看的位置	顶部	底部	右侧		左侧
百分表读数	0	－0.229	－0.013		－0.216
百分表回复后的读数	0				
增加补偿量	0	+0.076	+0.038		+0.038
校正后的数值	0	－0.153	+0.025		－0.178
扣除反方向读数后的数值	0.153			0.203	
偏移量＝扣除反方向读数后的数值除以 2	0.077			0.102	

读数表明，装有探头的轴，指的是电动机的轴，比另一根轴（被驱动设备的轴）低 0.077mm，并且水平地向着最大负读数的方向。从电动机方向看，电动机的轴向左错位 0.102mm。如果采用地脚螺栓固定电动机，应将地脚螺栓拧松，并将电动机按需要移动或加垫片，以调准角度及位移，所有垫片加好后重新拧紧地脚螺栓以后再检查调准的情况。如果采用起顶螺栓移动或顶起电动机，在检查调准情况之前必须确定这些螺栓都已拧松了，起顶螺栓不能用作永久性的支撑。

3. 齿轮传动装置的调整　当电动机通过齿轮与被驱动机械连接时，对于渐开线直齿圆柱齿轮（图 2－5）来说，与皮带传动装置的调整相似，必须使主、从两齿轮轴相互平行，并按公差要求保证微量的齿侧间隙（齿间距略大于齿厚）。两齿轮间的齿侧间隙的大小可通过塞尺进行检查，当各齿侧间隙适当均匀时，说明两齿轮轴已平行。通常还可用颜色印迹法来检查主、从齿轮是否啮合良好，其轮齿的接触部分一般应不小于齿厚的 2/3。

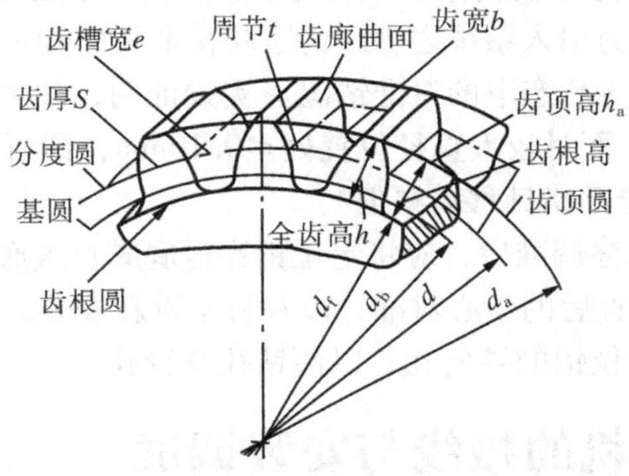

图 2－5　渐开线直齿圆柱齿轮各部分的名称、符号

所谓齿轮的齿厚，是指直径为 d 的分度圆弧上齿轮的厚度。齿厚与齿距（分度圆上齿

槽的宽度）二者相等，可用下式表示：

$$S = W = t/2 \tag{2-2}$$

$$t = \pi d/z \tag{2-3}$$

式中 S——齿轮的齿厚，mm；

W——齿轮的齿距，mm；

t——分度圆上的周节，mm；

d——分度圆直径，mm；

z——齿轮的齿数。

显然，周节 t 反映了齿轮的大小。由式（2－3）得

$$m = t/\pi = d/z \tag{2-4}$$

式中 m——齿轮模数，反映齿轮的大小。

由式（2－4）可知，分度圆直径与模数的关系为 $d = mz$。如果所安装的主、从两齿轮分度圆相切，即一齿轮的齿厚塞满另一齿轮的齿距，则两齿轮轴中心距为

$$L = (d_1 + d_2)/2 = m(z_1 + z_2)/2 \tag{2-5}$$

式中 L——两齿轮轴中心距，mm；

d_1、d_2——主、从齿轮的分度圆直径，mm；

z_1、z_2——主、从齿轮的齿数。

显而易见，为了避免由于温度升高等原因而发生的轮齿卡滞现象，在安装调整齿轮传动装置时，应保证有合适的微量齿侧间隙。

模数 m 相等、压力角 α 相同的渐开线齿轮的传动比为

$$i_{12} = \omega_1/\omega_2 = d_2/d_1 = z_1/z_2 \tag{2-6}$$

式中 i_{12}——齿轮传动比；

ω_1、ω_2——主、从齿轮的角速度，rad/s。

渐开线齿轮的正确啮合条件是：齿轮分度圆上的模数及压力角都分别相等。这也是在安装调整齿轮传动装置时进行互换齿轮的必要条件。

特别注意：

（1）尽管弹性联轴器允许轴线存在一定的不准确性，但是即使只有千分之几毫米的失调，也可能将巨大的振动力引入系统之中。为了获得最长的轴承寿命及最小的振动，要尽量调准机组中心并要核对热状态下的对准情况。实践证明，如果限制角度偏离在≤300mm的直径位置处≤0.05mm，而对较大直径位置处≤0.10mm，即可得到满意的结果。但应限制位置偏离≤0.05mm（全部指针移动幅值）。

（2）建议中心位置最终调准后，应将定位销穿过底脚打入底架或底板。这样做能够保证电动机因故吊离安装位置后的中心对准，以及易于重新安装。

（3）电动机已备有定位销的导向孔，以便钻孔及铰孔。

任务二　电动机的接线与安装调试

一、电动机的接线

电动机的接线主要是定子三相绕组与电源的连接和机壳的保护接地等。

（一）定子三相绕组与电源的连接

三相异步电动机定子绕组的接线有星形连接（Y）和三角形连接（△）两种方法。如图 2－6 所示。

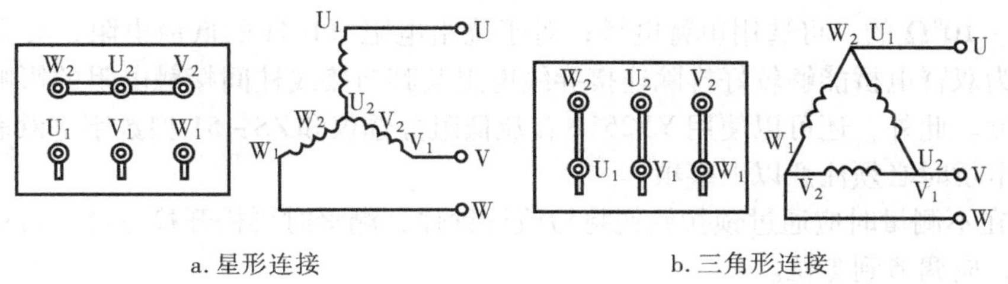

a. 星形连接　　b. 三角形连接

图 2－6　三相异步电动机的定子绕组接法

电动机到底采用哪种连接方法，要由该电动机铭牌上标明的“接法”而确定。

（二）机壳的保护接地

三相异步电动机要安装接地装置。电动机的接地装置如图 2－7 所示，它包括接地体和接地线两部分。接地体一般用钢管、钢筋、角铁或扁铁制成并埋入地下，接地线将接地体与电动机机壳连接起来。接地线一般紧固在电动机的地脚螺栓或接线盒的接地螺栓上，另一端最好焊在接地体上。若用其他方法固定，一定要保证接触良好。

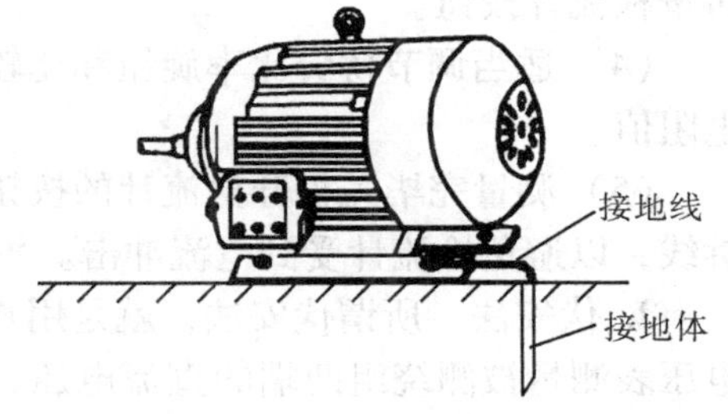

图 2－7　电动机的接地装置

接地装置能否起到保护作用关键在于接地电阻。接地电阻的大小与接地体和接地线的材料、尺寸以及土质有关，一般情况下接地电阻不能大于 10Ω。

对接地装置一般有如下要求：

（1）对于接地体，钢管的厚度≥3.5mm，钢筋的直径≥6mm；角铁或扁铁的厚度≥4mm，截面积≥48mm^2，接地体长度在 2.5～3m，垂直埋入地下。为了能顺利打入地下，接地体下端应做成尖形。若地下水位较低或土壤为沙石性土壤，可以增加接地体的数量，并使相邻接地体的距离＞2.5m，并把接地体附近的土壤换成黏土，再加入少许食盐和木炭的混合物，以降低接地电阻。

（2）对于接地线，一般用铜芯绝缘软导线，其横截面积≥4mm^2，并加保护以防止碰断。

在日常维护时要经常检查电动机接地装置是否良好，如接地线有无断开，接头是否松脱等。若发现问题要及时处理，以免引发安全事故。

二、电动机的电气安装调试

在电动机接入电源之前，应按照规范要求进行必要的交接试验，以保证电动机能安全投入运行。

（一）绕组直流电阻的测量

打开电动机接线盒，先用万用表检查三相绕组是否短路，与盒内接线柱连接是否可靠。必要时可用直流电桥法或伏安法来测量绕组的直流电阻，其目的是检查三相绕组的直

流电阻是否平衡，与原始测量数据或同类型电动机的数据是否相符，以判断电动机是否存在匝间短路、接头接触不良等故障。

1. 直流电桥法　与测量电力变压器绕组直流电阻的方法和要求相同，对于电动机绕组电阻在 $10 \sim 10^6\Omega$ 的，可选用单臂电桥；对于绕组电阻 $<10\Omega$ 的低值电阻，必须选用双臂电桥，因为双臂电桥能够较好排除连接导线电阻及其与接线柱间接触电阻的影响，从而提高测试精度。此外，还可以使用 YY2512 直流低阻分选仪和 ZS－51 型数字毫欧表测量。在使用直流电桥时必须注意以下事项。

（1）在不测量时应通过锁扣旋钮将检流计锁住，测量时再松开检流计。若检流计指针不在零位，应调节到零位。

（2）估计被测绕组电阻的大小，选择适当的桥臂比率。在选择桥臂比率时，应使比较臂可调电阻的各挡能被充分利用，以提高测试结果的准确度。

（3）测量时应先按下电桥的电源按钮 K_4（或转换开关 S），待电桥中的电流稳定后，再按检流计按钮。

（4）适当调节桥臂比率旋钮和比较臂的各挡旋钮，直到使检流计指针指零后，再读取电阻值。

（5）测量完毕先松开检流计的按钮，再松开电桥电源按钮 K_4（或转换开关 S），然后拆线，以避免检流计受到电流冲击。

2. 伏安法　所谓伏安法，就是用直流电流表测量每相绕组所通过的直流电流，用直流电压表测量被测绕组两端的直流电压，然后根据欧姆定律 $R=V/I$，计算绕组的直流电阻值。用伏安法测量电阻值时应注意以下问题。

（1）测量电源应采用蓄电池或其他电压较稳定的直流电源。

（2）为了保护电压表，应在接通电源之后再接入电压表，在断开电源之前先将电压表测量棒（笔）离开测量端，并应注意同时读取电压表和电流表的读数。

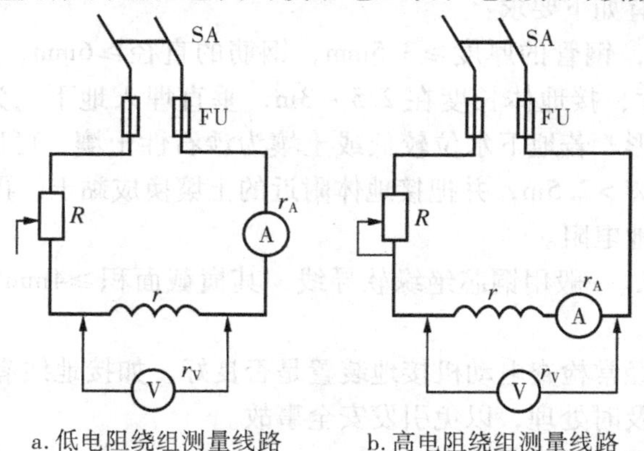

图 2－8　用伏安法测量绕组直流电阻的接线图

（3）为了减小电表的内阻对测量精确度的影响，在测量具有较低直流电阻的绕组时应按图 2－8a 接线，其绕组直流电阻大小为

$$r_{WL}=V/(I-V/r_V) \qquad (2-7)$$

式中　r_{WL}——绕组直流电阻，Ω；

r_V——电压表内阻，Ω。

在测量具有较高直流电阻的绕组时应按图 2－8b 接线，其绕组直流电阻大小为

$$r_{WH} = (V - Ir_A) / I \quad (2-8)$$

式中 r_{WH}——绕组直流电阻，Ω；

r_A——电流表内阻，Ω。

绕组直流电阻的高、低界限，应根据实际选用仪表的内阻大小和绕组直流电阻的大小来确定，并采用使测量误差最小的接线方式。

（4）测量时的电流不应超过绕组额定电流的 20%，并应尽可能快地读取试验数据，以免因电动机绕组发热而影响测量准确度。

（5）每一相绕组应在不同的电流数值下测量三次，取其算术平均值作为绕组直流电阻值，最后将所测得的各相绕组直流电阻的相间差值和线间差值，分别与原始出厂数据相比较。《电气装置安装工程施工及验收规范》（GB 50150—91）中规定，1000kV 以上或者 100kW 以上的电动机各相间直流电阻差值不应超过其最小值的 2%，线间直流电阻差值不应超过其最小值的 1%。

值得注意的是，绕组直流电阻的大小是随温度变化的，在测量绕组直流电阻时，要同时测量绕组的温度，以便换算，其换算公式为

$$R_2/R_1 = (k + t_2) / (k + t_1) \quad (2-9)$$

式中 R_1——绕组在温度 t_1 时的电阻，Ω；

R_2——绕组在 t_2 时的电阻，Ω；

k——常数，铜导体 $k = 235$，铝导体 $k = 228$。

在测量电动机绕组温度时，应将温度计球部紧贴在电动机机壳表面，最好插入电动机地脚螺栓的螺孔之内，使其有良好的热传导，并在测量点以及温度计球部还应采用棉花、石棉、油灰等绝缘材料覆盖，以免受到外界热气流或热辐射的影响，减少温度测量的误差。另外，在有交变磁场存在的部位不能使用水银温度计，因为水银温度计在交变磁场中会产生涡流，使温度计本身发热而影响测量准确度，所以应采用酒精温度计。

（二）绕组绝缘电阻的测量

制造电动机所用的绝缘材料很多，按其耐热能力共分为七个等级，但多采用 B 级和 E 级绝缘，在重要使用场所，则采用 F 级或 H 级绝缘。

电动机的绝缘电阻一般应满足：应与相同额定电压的同类型的合格电动机的绝缘电阻相比较，或用下式计算电动机应达到的最低绝缘电阻值：

$$R_T \geqslant V_N / (1000 + P_N/100) \quad (2-10)$$

式中 R_T——电动机在运行温度下的最低绝缘电阻值，MΩ；

V_N——电动机额定电压，V；

P_N——电动机额定功率，kW。

对于额定电压为 1000V 以下的低压中小型电动机，常温下绝缘电阻值应按 0.5MΩ 以上计取。另外，温度变化对电动机绝缘电阻的影响，应按下式将绕组在温度 t 时测得的绝缘电阻 R_t 换算到运行温度为 T 时（或称热态时）的电阻值，即

$$R'_T = e^{[\ln R_t - (T-t)\ln 2/10]} \quad (2-11)$$

热塑性绝缘材料的运行温度为75℃，B级热固性绝缘材料的运行温度为100℃，所以要求换算到75℃或100℃时的绝缘电阻R'_T应不低于R_T。对于1000V及以上大中型电动机，还可利用吸收比来判断电动机的受潮程度，要求吸收比$a=R_{60}/R_{15}\geqslant 1.2$。

任何绝缘材料在施加一定直流电压时，都有极微弱的电流流过，此电流由充电电流、吸收电流和泄漏电流等三部分组成。其中充电电流和吸收电流随时间的延续而迅速衰减，尤其是充电电流衰减最快，在15s内可衰减为零；泄漏电流的大小和吸收电流的衰减速度则与绝缘材料的干燥、洁净程度和耐压性能等因素有关。当绝缘材料干燥、清洁干净和耐压性能良好时，泄漏电流就很小，吸收电流衰减较慢，需几十秒到数分钟才达到稳定。由此可见，所测得的绝缘电阻值将随测量时间的增加而增大。当绝缘材料受潮或损坏时，泄漏电流较大，吸收电流的影响作用减小。因此，对于某种绝缘材料来说，不论是否受潮，用兆欧表测量其15s时的绝缘电阻R_{15}约为一常数，而60s时的绝缘电阻R_{60}随绝缘材料受潮程度的增加而明显降低。如果吸收比$a\geqslant 1.2$，即可认为电动机内部没有受潮和损坏；如果$a<1.2$，则应进行干燥绝缘处理。

为了简化计算，也可按表2-6给出的换算系数ξ，将所测得的电动机定子绕组绝缘电阻值换算到运行温度时的绝缘电阻。按上述所介绍的方法将绝缘电阻换算后，再与电动机绕组的绝缘电阻满足条件（或与电动机出厂原始数据或同类型电动机）相比较，应无显著下降。

表2-6　电动机定子绕组绝缘换算到运行温度T℃时的绝缘电阻换算系数

定子绕组测试温度（℃）		5	10	20	30	40	50	60	70
换算系数ξ	热塑性绝缘	128	90.5	45.3	22.6	11.3	5.7	2.8	1.4
	B级热固性绝缘	87	68.7	43	26.8	16.8	10.5	6.6	4.1

例题　某台三相异步电动机，定子绕组绝缘为热塑性绝缘材料。在定子绕组温度为10℃时，用兆欧表测得绝缘电阻为100MΩ，试计算运行温度时的绝缘电阻值。

解：对于热塑性绝缘材料，其运行温度取$T=75$℃，则由式（2-11）得

$$R'_T=e^{[\ln R_t-(T-t)\ln 2/10]}=e^{[\ln 100-(75-10)\ln 2/10]}=1.1\text{M}\Omega$$

也可按表达式（2-8）给出的温度换算系数计算运行温度时的绝缘电阻值。对于热塑性绝缘材料，当$t=10$℃时，温度换算系数$\xi=90.5$，则换算到$T=75$℃时的绝缘电阻为

$$R'_T=R_T/\xi=100/90.5=1.1\text{M}\Omega$$

（三）三相绕组首末端的确定

三相绕组的六个线头都引到电动机的接线盒内。三相定子绕组按电源电压的不同和电动机铭牌上的要求，可接成星形（Y）或三角形（△）两种形式，如图2-6所示。

电动机定子组出线端在接线盒内按规定要求布置后，当△接法时，只需用连接片将U_1与W_2、V_1与U_2、W_1与V_2分别上下连接起来，并作为电源接线端；而Y接法时，则只需用连接片将上面三个出线端U_2、V_2、W_2连接起来作为中性点，上面三个出线端U_1、V_1、W_1作为电源接线端（也可用连接片将上面三个出线端连接起来作为中性点，而上面三个出线端作为电源接线端）。但在接线之前，应注意严格校验绕组的极性，即检查校验三相绕组的首末端。否则，如果首末端接错，会使电动机的感应电动势和阻抗发生严重不

平衡，而引起电动机三相电流不平衡，出现噪声、振动和过热现象，甚至会引起电动机烧毁事故。

在测试时先用万用表确定出哪两个线端属于同一相绕组，然后将其中任意两相绕组串联，另两出线端连接在一个 80～100V 的电源 U 两侧，电源可以用一个蓄电池串联一个开关 QA 组成，剩下的一相绕组出线端与毫伏表或毫安表连接，如图 2－9 所示。

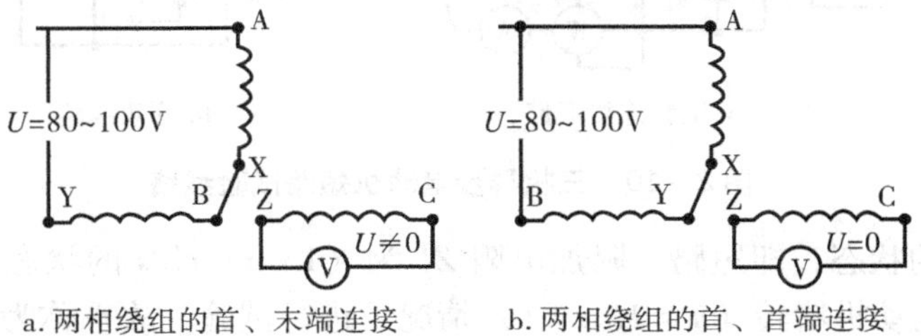

图 2－9　三相异步电动机绕组首末端判定试验线路

由于三相定子绕组各相在空间位置上互差 120°电角度，所以如果两相绕组为首末端连接时（图 2－9a），则与毫伏表相连接的第三套绕组正好匝链两套绕组的合成磁通，在开关 QA 闭合或断开瞬时，将出现毫伏表指针摆动幅度较大的现象；如果两相绕组为首端与首端（或末端与末端）连接时（图 2－9b），则与毫伏表相连接的第三套绕组基本上不匝链两套绕组的合成磁通，在 QA 闭合或断开瞬时，将出现毫伏表指针不摆动或摆动幅度很小的现象。这样就可以确定出串联的两相绕组的首末对应端，然后用同样的方法接线，再确定出第三相绕组的首末对应端。

（四）电动机交流耐压试验

电动机交流耐压试验与电力变压器的交流耐压试验方法基本相同，其目的是进一步检查电动机的绝缘性能，其定子绕组的交流耐压标准如表 2－7 所示。绕线式异步电动机转子绕组的交流耐压值，对于转子工况为不可逆运行者，其试验电压标准为 1.5（$2V_{2N}$＋0.5）kV，但不应低于 1kV；对于转子工况为可逆运行者，其试验电压标准为 1.5（$2V_{2N}$＋0.5）kV，但不应低于 2kV。V_{2N} 为在定子绕组施加额定电压时，转子绕组开路所测得的转子电压，称为转子额定电压或转子开路电压。同步电动机转子绕组的交流耐压试验标准为其额定励磁电压的 7.5 倍，且不低于 1.2kV，但不得高于出厂试验电压值的 75%。

表 2－7　电动机定子绕组交流耐压试验标准

额定电压（kV）	0.45	0.5	2	3	6	10
试验电压（kV）	1	1.5	4	5	10	16

试验时需将各相绕组分别对机壳及地进行耐压试验。对于大中型电动机，还需采用过电压保护装置，并在被试验绕组两端并联接入电压互感器和电压表，以监视试验电压的大小，其试验方法及试验线路可参考三相电力变压器工频交流耐压线路。

（五）三相异步电动机短路试验

三相异步电动机短路试验的目的是进一步检查电动机的绝缘是否存在缺陷，其试验线路及其等效线路如图 2－10 所示。

所谓三相异步电动机短路，是指等效电路中串联的附加电阻 Z_z'（模拟机械功率的等

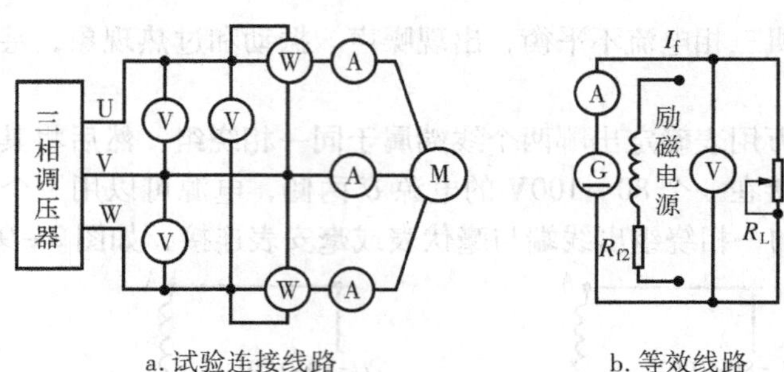

a. 试验连接线路　　b. 等效线路

图 2－10　三相异步电动机短路试验线路

效电阻）等于0的状态，即短路。附加电阻 Z'_z 为（$1-s$）r'_2/s 的状态，其等效电路如图 2－10b所示。在电动机堵转（$n=0$，$s=1$）情况下进行试验，故也称为堵转试验。为了使堵转时的短路电流不至于过大，应在降低电源电压的条件下进行。一般应从额定电压 V_N 的0.4倍开始（但短路电流不得超过其额定电流 I_N 的1.2倍），从 $1.2I_N \sim 0.2I_N$ 之间均匀测取5～7点，每次记录端电压、短路电流和短路功率值，并测量定子绕组的直流电阻，试验线路如图2－10a所示。

由图2－10b的电动机短路试验等效线路可见，由于 $Z'_z \ll Z_m$，故可认为励磁支路开路，I_m 为励磁电流，铁耗为 P_{Fe}、机械损耗 P_Ω 和输出功率 P_2 均为零，全部输入功率 P_K 均转变成定子、转子上的铜耗，即

$$P_K = 3\ (I_1^2 r_1 + I'^2_2 r'_2) \approx 3I_K^2\ (r_1 + r'_2) = 3I_K^2 r_K \qquad (2-12)$$

式中　P_K——电动机短路损耗，即定子、转子短路铜耗，W；

I_1——电动机定子绕组正常电流，A；

r_1——电动机定子绕组正常电阻，Ω；

I'_2——电动机定子绕组等效电流，A；

r'_2——电动机定子绕组等效电阻Ω；

I_K——电动机短路电流，$I_1 \approx I'_2 = I_K$，A；

r_K——电动机短路电阻，$r_K = r_1 + r'_2$，Ω。

电动机短路阻抗为

$$Z_K = V_K \div \sqrt{3} I_K \qquad (2-13)$$

则电动机短路电抗为

$$x_K = \sqrt{Z_K^2 - r_K^2} \qquad (2-14)$$

式中　x_K——电动机短路电抗，$x_K = x_1 + x'_2$，Ω。

对于大中型交流异步电动机，可以近似认为 $x_1 \approx x'_2 = x_K/2$；100kV以下电动机，极对数为1、2、3者取 $x'_2 = 0.97x_K$；极对数为4、5者取 $x'_2 = 0.57x_K$。

（六）电源相序的测定

我们知道，旋转磁场的旋转方向由通入定子绕组电流的相序决定，是从电流相序在前的绕组转向电流相序在后的绕组。所以，一些要求单向运转的设备，电动机只能向要求的转向转动，必须先对接入电动机的电源相序进行严格测定，以保证设备的安全运行。图2－11是常见的简易相序指示器线路图。

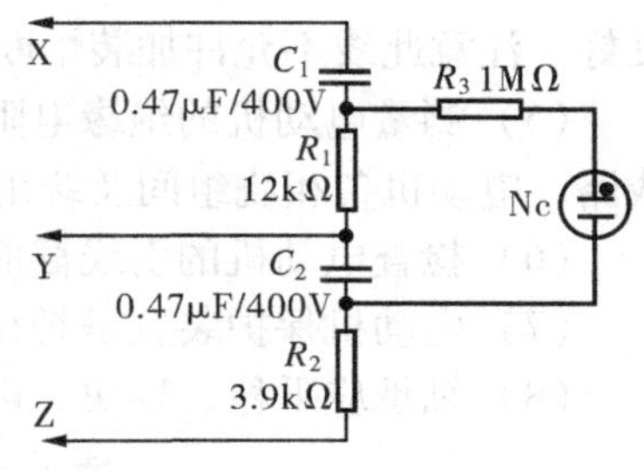

图2－11　简易相序指示器线路

使用时只要将X、Y、Z三根线接至三相电路，通过氖管的熄、亮可方便地辨明三相交流电的相序。如果氖管亮，则X、Y、Z接的分别是电源的U、W、V相。反之，如果氖管不亮，则X、Y、Z接的分别是电源的U、V、W相。电路中的电阻选用1/8W的碳膜电阻即可，电容要求其耐压大于400V。氖管可用日光灯启辉器中的氖管。

此外，绕线式电动机转子还需要做转子开路耐压试验；对大中型电动机，还应进行电动机空载试验和轴承绝缘检查等。

在完成上述电动机的安装调试和接线基础上，还应检查电动机外壳接地或接零是否符合要求。一般电动机的电源线保护管采用水煤气管暗敷，且引出基础200mm以上，并将接地线与电动机的接地螺钉及焊接钢管连接起来。若有多台电动机外壳接地时，每台电动机必须单独设接地线（支线），然后将这些接地支线分别与接地干线或等电位接地母线相连接，不能把几个接地支线相互串联后，再用一根接地线与接地干线或接地体相连接。接地线截面应按相线允许载流量确定，即接地干线的允许载流量应不小于供电网中最大的相线载流量的1/2，接地支线的允许载流量应不小于该设备相线载流量的1/3。但钢导线横截面积不大于$100mm^2$，铝导线横截面积不大于$35mm^2$，铜导线横截面积不大于$25mm^2$。

三、安装电动机的四大技术要求

（1）电动机允许用联轴器、齿轮及皮带轮传动，但对4kW以上的2极电动机和30kW以上4极电动机不宜采用皮带传动。如选用小皮带轮，可扩大三角皮带的传动范围。双轴伸电动机的风扇端，仅允许用联轴器传动。

（2）采用皮带传动时，电动机轴中心线与负载轴中心线应平行，且要求皮带中心线与轴中心线垂直；采用联轴器传动时，电动机轴中心线与负载轴中心线应重合。

（3）对立式安装的电动机，电动机轴只能带动皮带轮或相当于普通皮带轮的负荷外，不允许再带动其他任何轴向负荷装置。

（4）电动机的安装应保证其良好的通风冷却条件，不可用于热晒、雨淋的场所。

任务三　电动机的试车

电动机在安装和接线完毕后，应通电试运行，俗称“试车”。

一、试车前的检查

试车前应检查：

（1）检查电动机基础是否牢固，各部分装配是否正确，螺钉是否拧紧，轴承是否缺油。用手拔转电动机的转子，查看其是否灵活，应无卡阻，更不该有碰撞现象。

（2）根据电动机铭牌的技术数据，检查电动机功率、电压、转速、接线是否符合要求。

（3）检查启动设备选择是否正确，启动设备的规格和质量是否符合要求，启动装置是否灵活，有无卡死现象，触点的接触是否良好等。

（4）检查电动机及启动设备金属外壳的保护接零（地）线是否连接可靠，接触是否良好。注意此线不允许加装熔断器。

（5）测量电动机的绝缘电阻，低压电动机冷态下的绝缘电阻（包括电动机及其电源线路，电动机各相绕组间及绕组对地）应不小于0.5MΩ。

（6）检查电动机的引线截面是否符合要求，机械负载是否做好启动运转的准备。

（7）电动机保护装置是否得当，熔断器安装是否牢靠，参数是否正确。

（8）轴承应平稳、轻快、声音均匀无杂音。轴伸径向偏差情况符合表2－8规定。

表2－8　轴转动时的径向偏差允许值　（mm）

轴伸直径	允许偏差	轴伸直径	允许偏差
6～10	0.025	>50～80	0.060
>10～18	0.030	>80～120	0.080
>18～30	0.040	>120～180	0.100
>30～50	0.050		

二、试车

在试车时，主要进行下列的测试工作：

1. 测试负荷电流　进行空载运转并监测三相电流。电动机空载电流通常不应大于其额定电流的5%～10%。空载电流不应过大，正常后再带负荷试车。正常启动后要密切注视电动机的电流是否超过规定值，并查看其旋转方向是否正确。

2. 测量电动机转速　用转速表测量电动机的转速并与电动机的额定转速进行比较，用转速表测量电动机的转速时一定要细心，要注意安全。

3. 察看有无异常　一般先合闸2～3次，每次2～3s，看电动机能否启动，有无异常啸叫声或气味，如果正常，然后空载运行，时间宜为2h，监测电动机有无摩擦声或其他不正常声音，有无局部过热现象或焦臭气味，记录电动机。同时空载电流，检查线路电流是否超过规定值等。如果有应立即停车进行检查。经过2h空载运转和数次启动，如未发现过热及其他异常现象，试车完毕。

三、试车注意事项

（1）带负荷试车之前，需单试电动机旋转方向，检查是否与工艺要求的方向相符。

（2）试车过程中，一旦发现异音、焦臭味、冒烟起火、剧烈振动、超温、过电流等异常情况，应立即停车处理。

（3）在冷态下最多允许连续启动3次，每次间隔时间约5 min。在热态下只允许启动一次。处理事故时，允许多启动一次。

任务2.4　电动机的拆卸和装配

三相异步电动机因检修、维护和保养等原因，经常要进行拆卸和装配。如果拆卸和装配不当，可能造成电动机部件损坏、配合不好或装配位置弄错，给日后的使用留下后遗症。

一、电动机的拆卸

（一）拆卸前的准备

（1）准备好拆卸工具。常用工具有铁锤、木锤、铜棒、金属划针、万用表、小型拉力器、小扳手、钳子、百分表和大、小螺丝刀等，特别是拉具和套筒等专用工具。

（2）选择和清理拆卸现场。

（3）熟悉被拆电动机的结构特点、拆装要领及所存在的缺陷。

（4）做好标记。

1）标出电源线在接线盒中的相序。

2）标出联轴器或带轮与轴台的距离。

3）标出端盖、轴承、轴承盖和机座的负荷端与非负荷端。

4）标出机座在基础上的准确位置。

5）标出绕组引出线在机座上的出口方向。

（5）拆除电动机与外部电气连接的连线，并把电源线用黑胶布包住。

（6）拆下地脚螺母，将电动机拆离基础并运至解体现场，若机座与基础之间有垫片，应做好记录并妥善保存。

（二）拆卸步骤

三相异步电动机的一般拆卸步骤如图 2－12 所示。

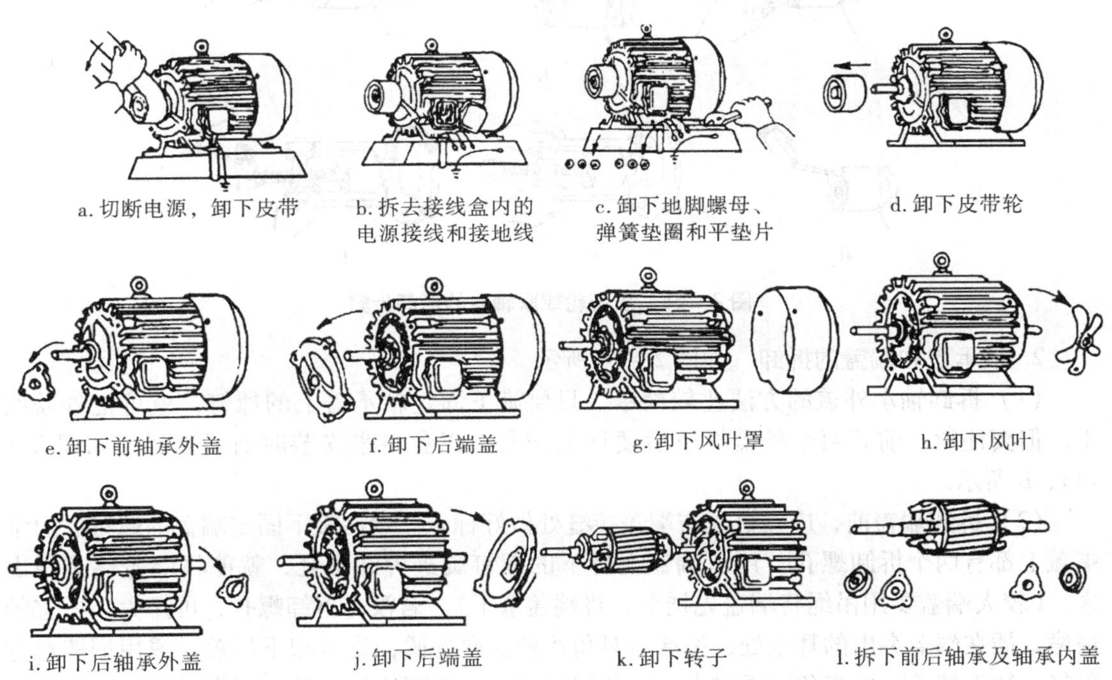

图 2－12　三相异步电动机的一般拆卸步骤

（1）切断电源，拆下电动机与电源的连接线，并将电源连接线线头做好绝缘处理。

（2）脱开带轮或联轴器与负载的连接，松开地脚螺栓和接地螺栓。

（3）拆卸带轮或联轴器。

（4）拆卸风罩风扇。

（5）拆卸轴承盖和端盖。

（6）抽出或吊出转子。

（三）几个主要部件的拆卸方法

1. 皮带轮或联轴器的拆卸　拆卸步骤如图 2 – 13 所示。

（1）用粉笔标记出皮带轮或联轴器的正反面，以免安装时装反，如图 2 – 13a 所示。

（2）用尺子量一下皮带轮或联轴器在轴上的位置，记住皮带轮或联轴器与前端盖之间的距离，如图 2 – 13b 所示。

（3）旋下压紧螺栓或取下销子，如图 2 – 13c 所示。

（4）在螺栓孔内注入煤油，如图 2 – 13d 所示。

（5）装上拉具，拉具有两爪和三爪的，各爪之间的距离要调整好，如图 2 – 13e 所示。

（6）拉具的丝杆顶端要对准电动机轴的中心，转动丝杆，使皮带轮或联轴器慢慢地脱离转轴，如图 2 – 13f 所示。拉时要注意皮带轮或联轴器受力情况，务必使合力沿轴线方向，拉具顶端不得损坏转子轴端中心孔。

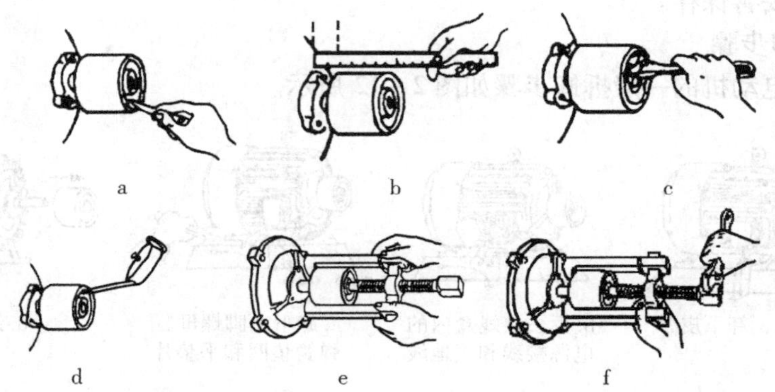

图 2 – 13　皮带轮或联轴器的拆卸步骤

2. 轴承盖和端盖的拆卸　如图 2 – 14 所示。

（1）拆卸轴承外盖的方法比较简单，只要旋下固定轴承盖上的螺钉，就可把外盖取下。但要注意，前后两个外盖拆下后要标上记号，以免将来安装时前后装错。如图 2 – 14a、b 所示。

（2）拆卸端盖前，应在机壳与端盖接缝处做好标记。然后旋下固定端盖的螺钉。通常端盖上都有两个拆卸螺孔，用从端盖上拆下的螺钉旋进拆卸螺孔，就能将端盖逐步顶出来。（较大端盖要用吊绳将端盖先挂上，将端盖拿下）。若没有拆卸螺孔，可用大小适宜的扁凿，插在端盖突出的耳朵处，按端盖对角线依次向外撬，直至卸下端盖；或用铜棒对称敲打，卸下端盖，要避免过重敲击，以免损坏端盖。但要注意，前后两个端盖拆下后要标上记号，以免将来安装时前后装错。如图 2 – 14c、d 所示。

3. 风罩和风叶的拆卸　拆卸步骤如图 2 – 15 所示。

（1）选择适当的旋具，旋出风罩与机壳的固定螺钉，即可取下风罩，如图 2 – 15a 所示。

（2）将转轴尾部风叶上的定位螺钉或销子拧下，用小锤在风叶四周轻轻地均匀敲打，风叶就可取下。若是小型电动机，则风叶通常不必拆下，可随转子一起抽出，如图 2 – 15b 所示。

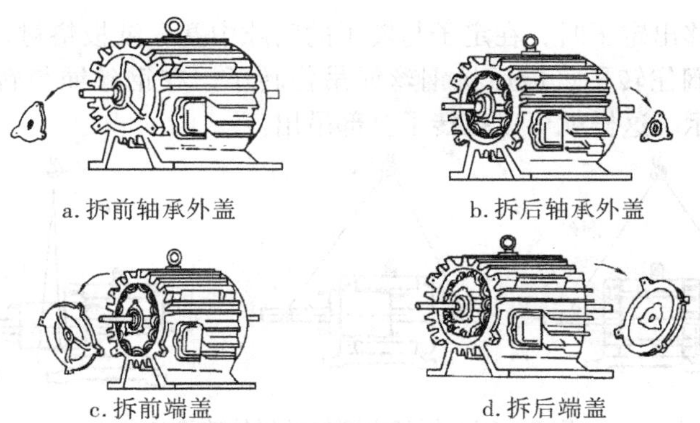

a. 拆前轴承外盖　　b. 拆后轴承外盖

c. 拆前端盖　　d. 拆后端盖

图 2－14　轴承盖和端盖的拆卸步骤

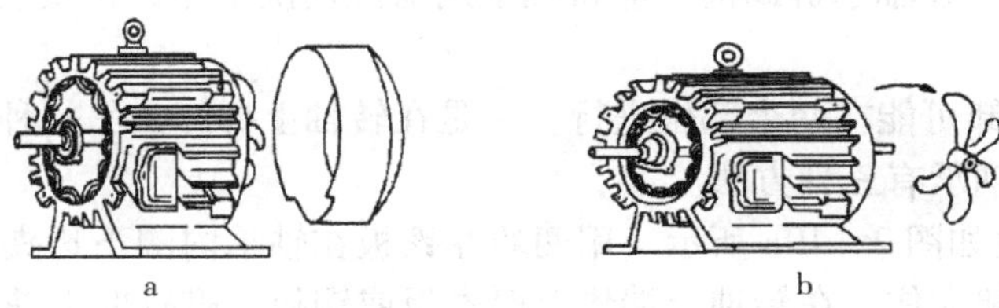

a　　b

图 2－15　风罩和风叶的拆卸步骤

4. 转子的拆卸

（1）拆卸小型电动机的转子要人工进行，可一手握住转子，把转子拉出一些，随后用另一只手托住转子铁心渐渐往外移，如图 2－16 所示。为防止手滑或用力不均碰伤绕组，应用纸板垫在绕组端部进行。注意，不能碰伤定子绕组。

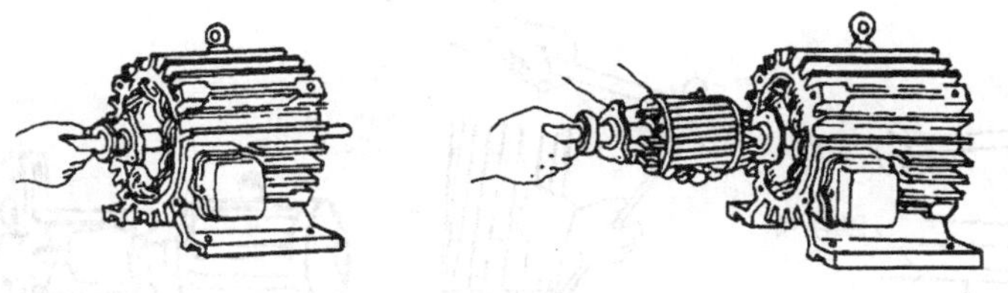

图 2－16　拆卸小型电动机的转子步骤

（2）拆卸中型电动机的转子时，要一人抬住转轴的一端，另一人抬住转轴的另一端，渐渐地把转子往外移，如图 2－17 所示。

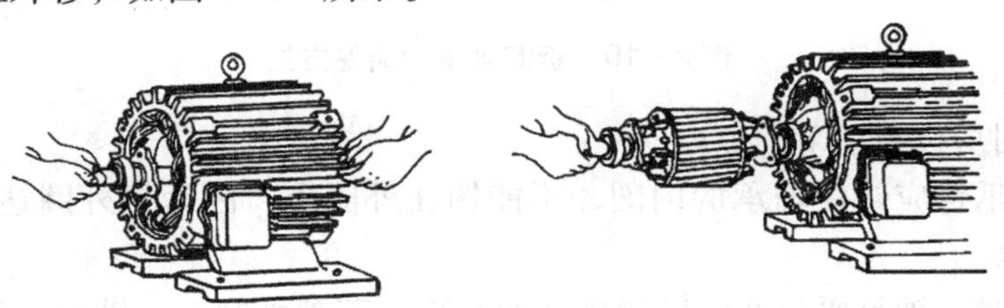

图 2－17　拆卸中型电动机的转子步骤

（3）拆卸大型电动机的转子时，要用起重设备分段吊出转子。具体方法如下：首先用钢丝绳套住转子两端的轴颈，并在钢丝绳与轴颈之间衬一层纸板或棉纱头；其次起吊转子，当转子的重心移出定子时，在定子与转子的间隙中塞入纸板垫衬，并在转子移出的轴端垫支架或木块以搁住转子；最后将钢丝绳吊住转子，在钢丝绳与转子之间塞入纸板垫衬，如图 2－18 所示。这样就可以把转子全部吊出。

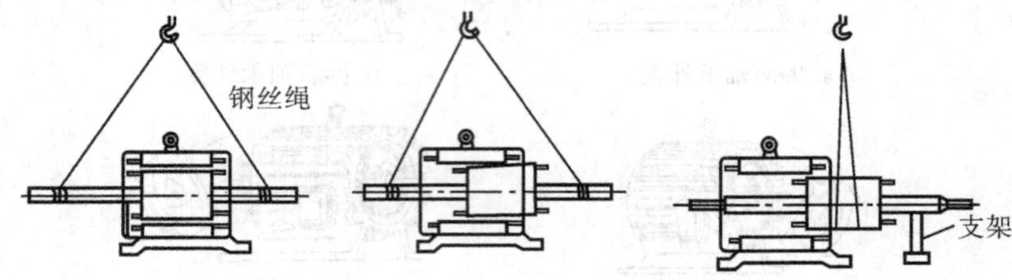

图 2－18　拆卸大型电动机的转子步骤

5. 轴承的拆卸　在轴承拆卸前，应将轴承用清洗剂洗干净，检查它是否损坏，有无必要更换。

（1）轴承的拆卸可能在两个部位进行。一是在转轴上拆卸，另一种是在端盖内拆卸。

在转轴上拆卸轴承有三种方法。

1）第一种方法如图 2－19a 所示。用两块厚铁板在轴承内圈下边夹住转轴，并用能容纳转子的圆筒或支架支住，在转轴上端垫上厚木板或铜板，敲打取下轴承。

2）第二种方法如图 2－19b 所示。用端部呈楔形的铜棒以倾斜方向顶着轴承内圈，然后用锤子敲击。注意不能用力过猛，以防损坏工具和轴承。敲击时，应沿着四周均匀用力敲击。

3）第三种方法如图 2－19c 所示。用拉具等专用拆卸工具拆卸。这种方法简单、实用，专用工具的尺寸可随轴承直径任意调节，只要转动手柄，轴承就被拉出。

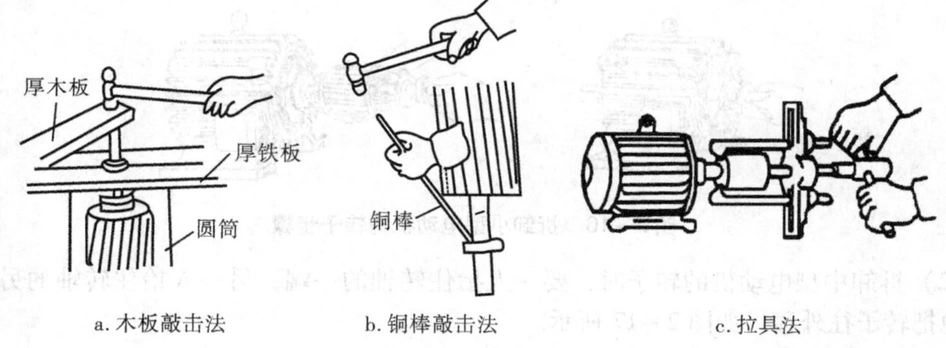

a. 木板敲击法　　b. 铜棒敲击法　　c. 拉具法

图 2－19　拆卸轴承的简易方法

（2）操作时应注意以下几点：

1）拉具的爪钩应钩住轴承的内圈，不能钩在外圈上，因为拉外圈达不到拆卸目的，还可能损坏轴承。

2）拉轴承时，轴承要与地面保持良好的水平，若轴承倾斜，轴承与地面之间一定要用木块或其他东西垫得适当，使拉具螺杆对准轴承的中心孔，不要歪斜，要随时注意爪钩与轴承的受力情况，不要把轴承的螺杆拉坏。

3）要防止拉具的爪钩滑脱，如果滑脱会使轴承的外圈或其他机件损坏。

二、三相异步电动机的装配

（一）装配前的准备

（1）认真检查装配工具、场地是否清洁、齐备。

（2）彻底清扫定子、转子内部表面的尘垢，最好用汽油沾湿的棉布擦拭。

（3）用灯光检查气隙、通风沟和其他空隙有无杂物和漆瘤，如有，必须清除干净。

（4）检查各相绕组冷态直流电阻是否基本相同，各相绕组对地的绝缘电阻和相间绝缘电阻是否符合要求。

（二）装配步骤

原则上按拆卸的相反步骤进行。

装配前要检查定子中有无异物、轴承的磨损状况、轴承与端盖的配合情况、端盖止口与机壳的配合情况，根据具体情况清洗和更换、维修零部件，然后进行装配。装配完毕，用手转动转子是否灵活，有无转子和定子相碰的情况（扫膛现象）。最后上紧紧固螺钉。注意：在上紧紧固螺钉时，用对角上紧的方法，边上紧边转动轴，防止上紧螺钉后，出现轴转不动的现象。

（三）主要零、部件的装配方法

1. 轴承的安装

（1）检查轴承质量是否合格，用机油清洗轴承，并加适当润滑脂。安装时标号必须向外，以便以后更换时核查轴承型号。

（2）安装时可采用热套法和冷套法。

1）冷套法：把轴承套到轴上，用一段铁管，一端对准轴颈，顶在轴承的内圈上，用手锤敲打另一端，缓慢地敲入，方法如图 2－20 所示。

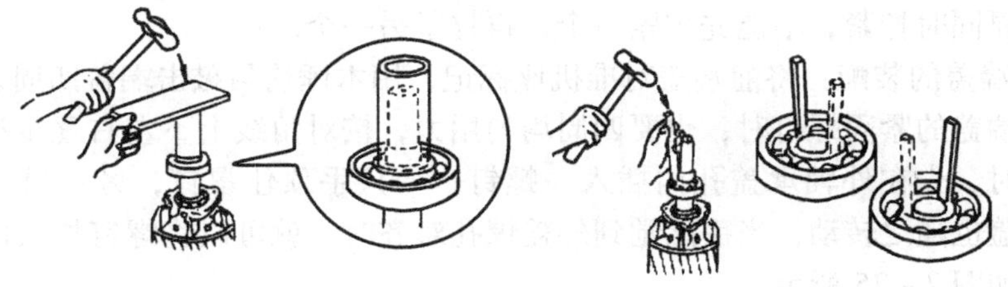

图 2－20　用冷套法安装轴承

2）热套法：轴承可放在温度为 80～100℃的变压器油中，如图 2－21 所示。加热20～40min，趁热迅速把轴承一直推到轴肩，冷却后轴承自动收缩套紧，如图 2－22 所示。在加热中应注意温度不能太高，时间不宜过长，以免轴承退火；轴承应放在网孔架上，不与油箱底或箱壁接触；轴承受热要均匀。

2. 装配轴承外盖　装配步骤如图 2－23 所示。

（1）装上轴承外盖，如图 2－23a 所示。

（2）插上一颗螺钉，一只手顶住螺钉，另一只手转动转轴，使轴承的内盖也跟着转动，当转到轴承内外盖的螺钉孔一致时，把螺钉顶入内盖的螺钉孔里，并旋紧，如图 2－23b 所示。

（3）把其余两个螺钉也装上，旋紧，如图 2－23c 所示。

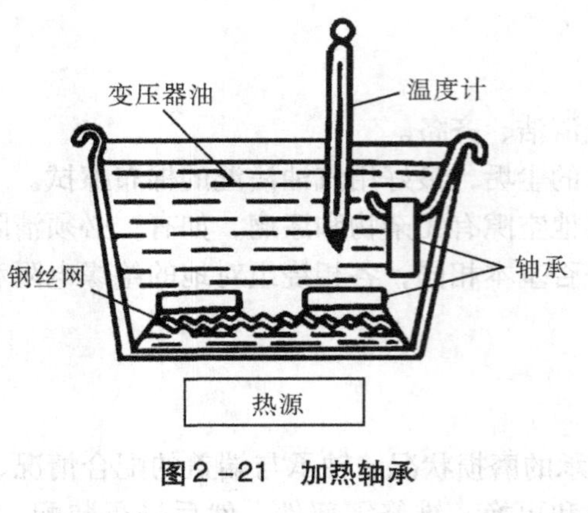

图 2－21　加热轴承　　　图 2－22　加热法安装轴承

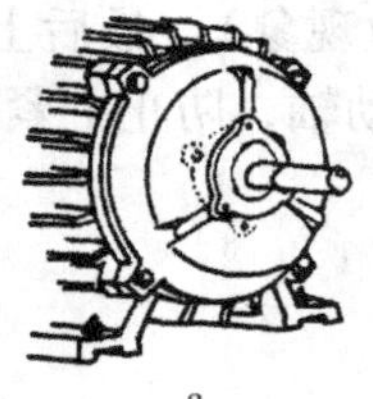
a

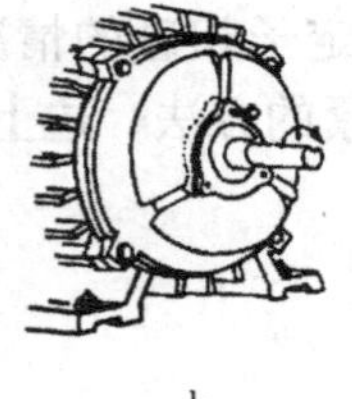
b

c

图 2－23　轴承外盖的安装步骤

3. 装配端盖

（1）后端盖的装配：将轴伸端朝下垂直放置，在其端面上垫上木板，将后端盖套在后轴承上，用木锤敲打，如图 2－24 所示。把后盖敲进去，装轴承外盖。注意紧固内外轴承盖螺钉时，要同时拧紧，不能先拧紧一个，再拧紧另一个。

（2）前端盖的装配：将前端盖对准机座标记，用木锤均匀敲击端盖四周，不可单边着力。在拧上端盖的紧固螺钉时，也要四周均匀用力，按对角线上下左右逐步拧紧。在装前轴承外端盖时，先在外轴承盖孔内插入一螺钉，一只手顶住螺钉，另一只手慢慢转动转轴，轴承内盖也随之转动，当手感觉到外盖螺孔对齐时，就可以将螺钉拧入内轴承盖的螺孔内。方法如图 2－25 所示。

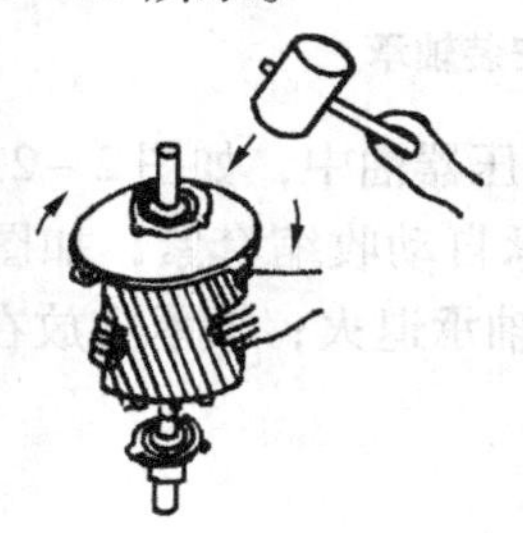

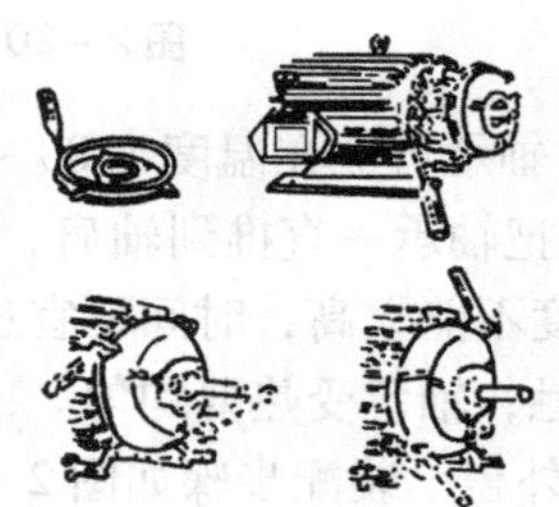

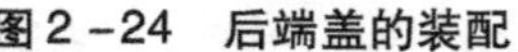

图 2－24　后端盖的装配　　　图 2－25　前端盖的装配

（四）装配后的机械性能检查

（1）检查所有紧固螺钉是否拧紧。

（2）检查轴承内是否有杂声。

（3）检查转子是否灵活，有无扫膛、松动现象。

（4）检查轴伸径向偏摆是否超过允许值。

三、注意事项

（1）拆移电动机后，电动机底座垫片要按原位摆放固定好，以免增加钳工对中找正的工作量。

（2）拆、装转子时，一定要遵守拆装的要求，不得损伤绕组，拆前、装后均应测试绕组绝缘及绕组通路。

（3）拆、装时不能用手锤直接敲击零件，应垫铜、铝棒或硬木，对角线对称敲击。

（4）装端盖前应用粗铜丝，从轴承装配孔伸入钩住内轴承盖，以便于装配外轴承盖。

（5）用热套法装轴承时，温度超过100℃应停止加热，工作现场应放置1211 灭火器。

（6）清洗电动机及轴承的清洗剂（汽油、煤油）不准随便乱倒，必须倒入污油井内。

（7）检修场地需要打扫干净。

习题

1. 电动机安装前的检查有哪些方面？
2. 电动机电气安装调试的内容是什么？
3. 试述电动机的调整安装过程。
4. 简述用万用表测定三相异步电动机定子绕组首末端的方法。
5. 三相异步电动机的拆卸顺序是什么？
6. 怎样拆卸电动机的轴承？方法有哪些？
7. 如何进行电动机的试车？
8. 拆装电动机常用到哪些工具？
9. 三相异步电动机装配后要进行哪些检验？

项目三　三相异步电动机定子绕组的基本知识

知识目标：

1. 掌握定子绕组的术语。
2. 熟悉单层绕组、双层绕组的嵌线规律。

技能目标：

1. 会对三相电动机有效边进行分相。
2. 熟知常见三相异步电动机定子绕组的端部特点。

任务一　概述

三相异步电动机定子绕组是一套三相对称绕组。它由绝缘导线按一定规律嵌入定子铁心槽中制成。在异步电动机中，定子绕组与电源相接，是三相异步电动机产生旋转磁场、实现能量转换的关键部位，也是容易受到损伤的部件。目前在损坏的电动机中，80%左右需要维修定子绕组。因此，在学习三相异步电动机的修理工艺之前，必须很好掌握定子绕组的基本知识。

一、对定子绕组的基本要求

（1）绕组通过电流之后，必须形成规定的磁极对数，这由正确的连线来确定。

（2）三相绕组在空间布置上必须对称，以保证三相磁动势及电动势对称。这不仅要求每相绕组的匝数、线径及在圆周上的分布情况相同，而且要求三相绕组的轴线在空间互差120°电角度，因此一对磁极范围内六个相带的顺序为 U_1，W_2，V_1，U_2，W_1，V_2。

（3）三相绕组通过电流所建立的磁场在空间的分布应尽量为正弦分布，并且旋转磁场在三相绕组中的感应电动势必须随时间按正弦规律变化。

（4）在一定的导体数之下，建立的磁场最强而且感应电动势最大。

（5）用铜量少，嵌线方便，绝缘性能好，机械强度高，散热条件好。

二、定子绕组的分类

三相异步电动机定子绕组的种类很多，按相数分，有单相、两相和三相绕组；按槽中绕组数量的不同，有单层、双层和单双层混合绕组；按绕组端接部分的形状分，单层绕组有同心式、交叉式和链式之分，双层绕组有叠绕组和波绕组之分；按每极每相所占的槽数是整数还是分数，有整数槽和分数槽之分等。但各定子绕组的构成原则是一致的。

三、定子绕组基本术语

三相异步电动机定子是分布式绕组，即把绝缘导线绕成一个个的线圈，按一定的规律嵌入定子槽内，再加以适当连接而成。定子绕组中常用的名词和基本参数如下。

（一）线圈和线圈组

1. 线圈　线圈是组成绕组的基本元件，是用绝缘导线（漆包线）在绕线模上按一定形状绕制而成的。线圈一般由多匝绕成，其形状如图 3－1 所示。它的两直线段嵌入槽内，是电磁能量转换部分，称为线圈有效边；两端部仅为连接有效边的“过桥”，不能实现能量转换，故端部越长材料浪费越多；引线是用于引入电流的接线。图 3－2 是线圈嵌入铁心槽内的情况。

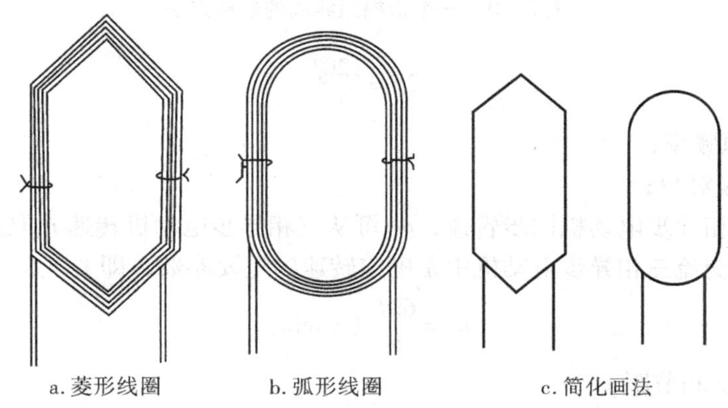

a. 菱形线圈　　b. 弧形线圈　　c. 简化画法

图 3－1　常用线圈的形状及简化画法

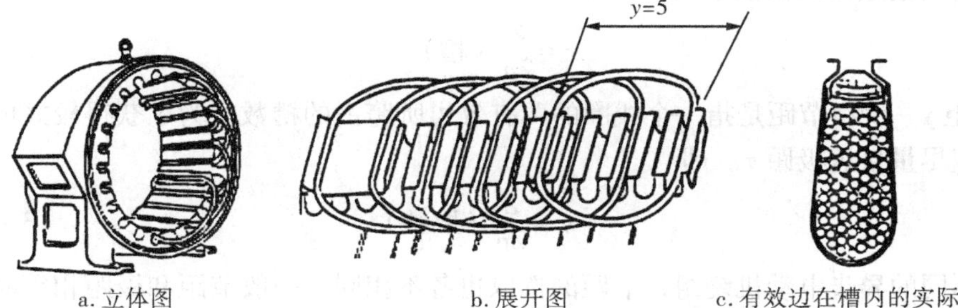

a. 立体图　　b. 展开图　　c. 有效边在槽内的实际情况

图 3－2　单层绕组部分线圈嵌入铁心槽内

2. 线圈组　几个线圈顺接串联即构成线圈组，异步电动机中最常见的线圈组是极相组。它是一个极下的同一相的几个线圈顺接串联而成的一组线圈，如图 3－3 所示。

定子铁心上线槽的总数称为定子槽数，用字母 Z 表示。图 3－2a、b 所示的就是三相异步电动机定子铁心上的线槽。

（二）磁极数 $2p$

磁极数是指绕组通电后所产生磁场的总磁极个数，三相异步电动机的磁极个数总是成对出现的，所以三相异步电动机的磁极数用 $2p$ 表示。三相异步电动机的磁极数可从铭牌上得到，也可根据三相异步电动机转速计算出来，即

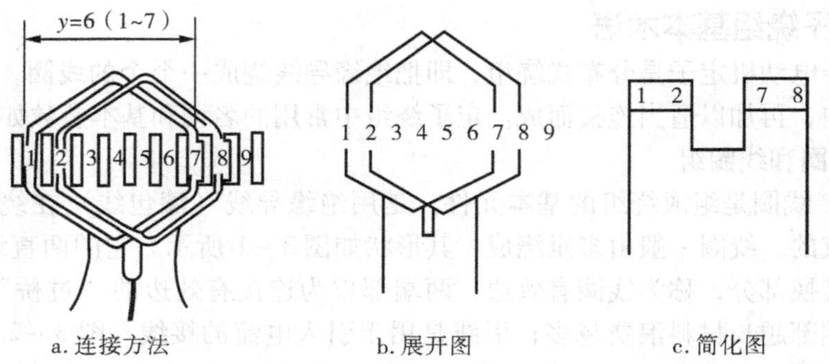

图3－3　一个极相组线圈的连接方法

$$2p=\frac{120f}{n_1}$$

式中　f——电源频率；

p——磁极对数；

n_1——三相异步电动机同步转速，n_1 可从三相异步电动机转速 n 取整数后获得。它在交流三相异步电动机中是确定转速的重要参数，即

$$n_1=\frac{60f}{p}\ (\text{r/min}) \tag{3-1}$$

（三）极距 τ 和节距 y

1. 极距 τ　绕组极距即每一磁极对应的圆周表面距离，也就是相邻两磁极之间的槽距，通常用槽数除以磁极数来表示，即

$$\tau=\frac{Z}{2p}\ (\text{槽}) \tag{3-2}$$

2. 节距 y　绕组节距是指一个线圈的两有效边所跨占的槽数。为了获得较好的电气性能，节距应尽量接近极距 τ。即

$$y\approx\tau=\frac{Z}{2p}\ (\text{取整}) \tag{3-3}$$

针对不同的异步电动机绕组，节距的选取也各不相同。一般节距和极距相等时称为整距绕组，节距小于极距时称为短距绕组，节距大于极距时称为长距绕组。在实际生产中，常采用的是整距和短距绕组。

（四）机械角度与电角度

三相异步电动机绕组分布在铁心槽内时必须按一定规律嵌放与连接，只有这样才能输出对称的弦交流电或产生旋转磁场。除与其他一些参数有关外，反映各线圈和绕组间相对位置的规律时，我们还要用到电角度这个概念。从机械学中知道，圆心角为360°，这个360°就是平常所说的机械角度。而在电工学中计量电磁关系的角度单位则叫作电角度，它是定义正弦交流电的每一周期在横坐标上等效为360°，也就是导体空间经过一对磁极时在电磁上相应变化了360°电角度。因此，电角度与机械角度在电动机中的关系为：电角度 $=p\times360°$。

（五）每极每相槽数 q 与槽距角 α

1. 每极每相槽数 q　每极每相槽数是指绕组每极每相所占的槽数，即

$$q=\frac{Z}{3\times 2p}\ （槽）\qquad (3-4)$$

2. 槽距角 α　槽距角指定子相邻槽之间的间隔，以电角度来表示，即

$$\alpha=\frac{180^\circ\times 2p}{Z}\ （电角度）\qquad (3-5)$$

（六）线径 ϕ 与并绕根数 N_a

线径 ϕ 是指绕制三相异步电动机绕组时，根据安全载流量确定的导线直径。功率大的三相异步电动机所用导线较粗，当线径过大时，会造成嵌线困难，可用几根细导线替代一根粗导线进行并绕。其细导线根数就为并绕根数 N_a。当决定在三相异步电动机修理重绕拆线时，务必注意搞清原始的并绕根数，以免误作绕组匝数。

（七）单层绕组与双层绕组

单层绕组是在每槽中只放一个有效边，这样每个线圈的两有效边要分别占一槽。故整个单层绕组中线圈数等于总槽数的一半。单层绕组的优点是嵌线比较方便，槽的利用率高；缺点是节距的选择受限制，三相异步电动机的电磁性能不够理想。它常用于小功率三相异步电动机。

双层绕组是在每槽中用绝缘材料隔为上、下两层，嵌放不同线圈的各一有效边，线圈数与槽数相等。双层绕组的主要优点有：所有绕组具有同样的形状和尺寸，易于制造；端部排列整齐，利于散热和增强机械强度；可选择有利的节距，使旋转磁场的波形接近于正弦波，从而改善三相异步电动机的性能。但嵌线比较麻烦。图 3－4 是单层、双层槽内布置情况示意图。

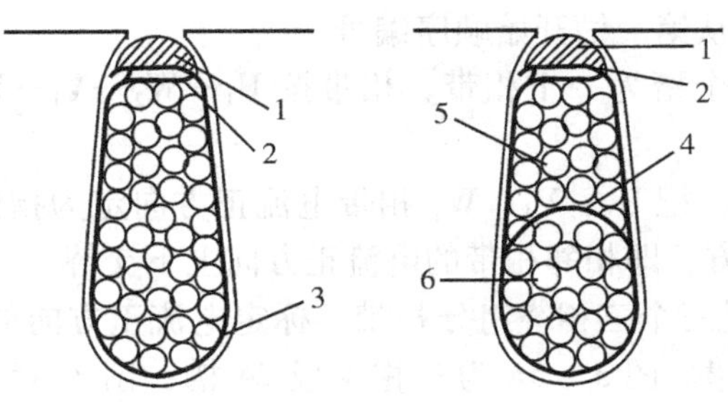

图 3－4　单层、双层槽内布置情况

1. 槽楔　2. 覆盖绝缘　3. 槽绝缘　4. 层间绝缘　5. 上层线圈边　6. 下层线圈边

（八）相带

相带就是指每相绕组在每一个磁极下所占的区域，通常用电角度或槽数表示。如果将三相异步电动机处在每一对磁极下的绕组分成六个区域，则每极下三个。由于槽距角 $\alpha=360^\circ p/Z$，如该三相异步电动机为 4 极 24 槽，故每相每区域的宽度为 $\alpha=60^\circ$，按这样分布的绕组就称为 60°相带绕组。因 60°连续相带绕组具有明显优势，故在三相异步电动机中绝大多数都采用这种绕组。

（九）并联支路数

在三相异步电动机容量较大、极数较多、线圈组数也较多时，常把一些线圈组串联后，分几路并起来接入电源。这种一相绕组由多条支路并联而成的连接方法，也称为“多路进火”。这时绕组的并联支路数 $a>1$。参加并联的各条支路必须结构一致、参数相同，

才不会在并联后引起环流而造成三相异步电动机异常，甚至损坏。

（十）定子绕组展开图

三相异步电动机定子绕组分布在铁心圆柱面上，为了便于直观表示，设想将定子铁心沿轴向切开，展开成平面。这种将定子铁心及绕组画成平面的图形，称为定子绕组展开图。

任务二　定子绕组槽内有效边的分相

为了在三相异步电动机内形成旋转磁场，定子槽内各有效边上应流过哪一相的电流是有规律的。对三相绕组进行排列的目的，就是体现规律，形成旋转磁场。

一、三相绕组的构成规则

(1) 每相绕组的槽数必须相等，且在定子上均匀分布。

(2) 三相绕组在空间应相互间隔120°电角度。

(3) 三相绕组一般采用60°相带，即三相有效边在一对磁场下均匀地分为6个相带。

二、有效边分相步骤

1. 计算基本参数

每极每相槽数：$q=\dfrac{Z}{3\times 2p}$

槽距角：$\alpha=\dfrac{180^\circ\times 2p}{Z}$

2. 编写槽号　编号从第一槽开始顺序编号。

3. 划分相带　取 q 个槽为一个相带，相带按 U_1—W_2—V_1—U_2—W_1—V_2 的顺序循环排列。

4. 标定电流正方向　把 U_1、V_1、W_1 相带电流正方向定为指向上方，则 U_2、V_2、W_2 相带电流正方向指向下方。即相邻相带的电流正方向上下交替。

5. 实例　图3-5是三个三相绕组分相带、标定电流正方向的情况。取不同的极数和槽数，以利于观察其规律。图3-5a为三相4极24槽；图3-5b为三相2极24槽；图3-5c为三相4极36槽。

只要按上述排列方法，使 U_1 相带各槽导体流入U相电流，V_1 相带各槽导体流入V相电流，W_1 相带各槽导体流入W相电流，而 U_2 相带、V_2 相带和 W_2 相带对应的各槽导体分别流出U相、V相和W相电流，即可满足绕组空间分布对称的规则。

任务三　定子绕组端部连接方式

连接端部是为了将分布在各相带的槽导体构成三相对称绕组，连接方式是多种的，每一种连接方式就形成一种形式的绕组。

一、三相单层绕组端部连接方式的性能及特点

单层绕组按照其线圈的形状和端接部分排列布置的不同，分为等宽度式绕组、链式绕组、交叉链式绕组、同心式绕组和交叉式同心绕组等。

（一）等宽度式（叠式）

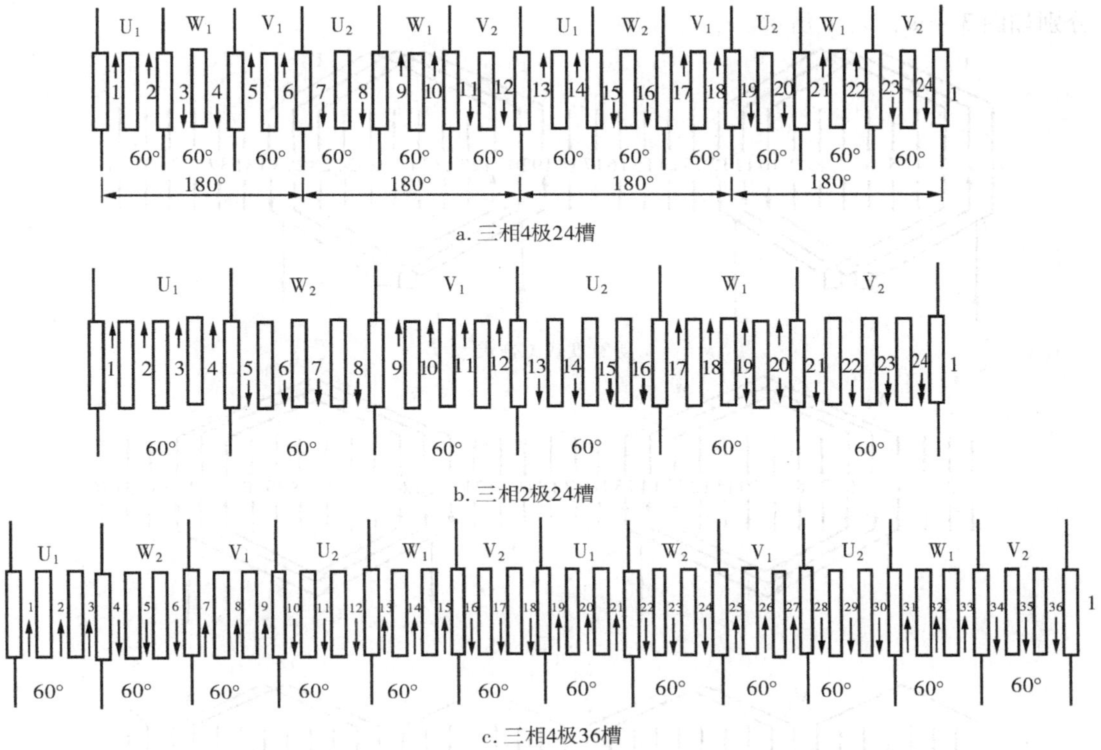

a. 三相4极24槽

b. 三相2极24槽

c. 三相4极36槽

图 3－5 定子绕组有效边相带分布及各相电流正方向

线圈为等距，所有线圈节距相同，线模容易调整；线圈节距等于极距（整距），较省线材；单层绕组的线圈数目少，嵌线省时，但电气性能较差。

（二）同心式

绕组是单层布线，有较高的槽满率；线圈的节距大小不等，绕制时需要几个大小不同的模具，绕组端部长度大而耗线材，且漏磁较大、电气性能也较差，但几个元件同心安放，端部连线不互相交叉，易于排列整齐。可采用分层嵌线而形成“双平面”或“三平面”绕组，使嵌线方便，多适用于二极电动机。端部特点是一个大线圈包着一个小线圈。

（三）交叉式

线圈节距有两种，一大一小交叉安放，平均节距较短，用线较节省；每组线圈数和节距都不等，给嵌线工艺增加了困难；槽满率较高，电气性能较差。另外，端部连接方式也可成为同心交叉式，即把等宽度的两线圈改成同心式。端部特点是一个大线圈，一个小线圈。

（四）链式

线圈节距相等，为短距，较省钱，一般比同心式节约 10% ~20% 的用铜量，同时电气性能也较好。绕制方便，链式排列，端部连线交叉较多，端部整形困难。端部特点是一环扣一环，呈链条状。

二、三相单层 4 极 36 槽绕组的端部连接方式

由三相 4 极 36 槽可知该绕组的每极每相槽数 $q=3$，端部连接方式可能出现三种方式，

分别如图 3－6a、b、c 所示。

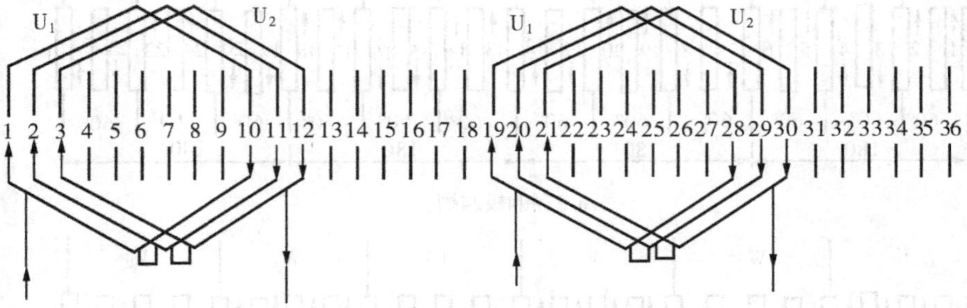

a. 等宽度式（叠式）

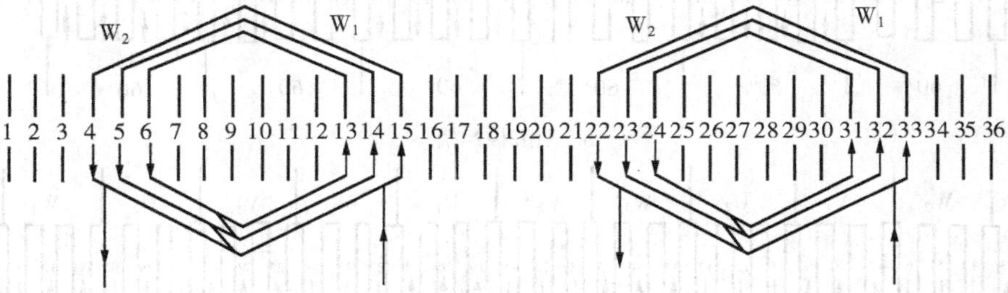

b. 同心式

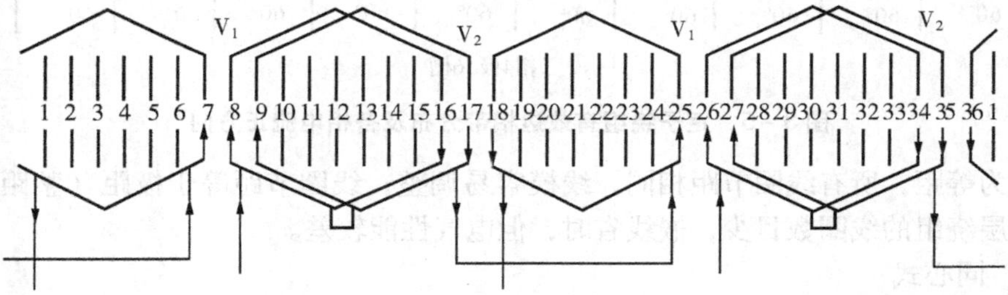

c. 交叉式

图 3－6　三相 4 极 36 槽单层绕组的三种类型

在实际中，选用哪种端部连接方式，不是修理人员所考虑的，只有设计人员才考虑。对修理人员来说，原设计数据是重绕电动机的重要依据，是不可更改的，即需要按照原样进行修复。

三、三相单层 4 极 24 槽绕组的端部连接方式

由三相 4 极 24 槽的两个基本参数可计算出每极每相槽数 $q=2$，根据其规则排列组合有三种端部连接方式，如图 3－7 所示。

总之，以上几种单层绕组，具有高的槽利用率，不易发生相间短路，线圈数目较少，嵌线省时，在小型电动机中得到广泛应用。常用的 JO2 及 Y 系列电动机中，单层叠式绕组用于 $q=2$ 的 4、6、8 极电动机；单层交叉式绕组用于 $q=3$ 的 2、4 极电动机；同心式绕组用于 $q=4$ 的 2 极电动机。这些绕组形式在日常的修理工作中都经常可以见到。另外，单层绕组由于结构的限定，其绕组端部较厚，不易整形，无法利用适当的短距来改善绕组的电磁性能，这就是单层绕组的电动机性能较差的原因。

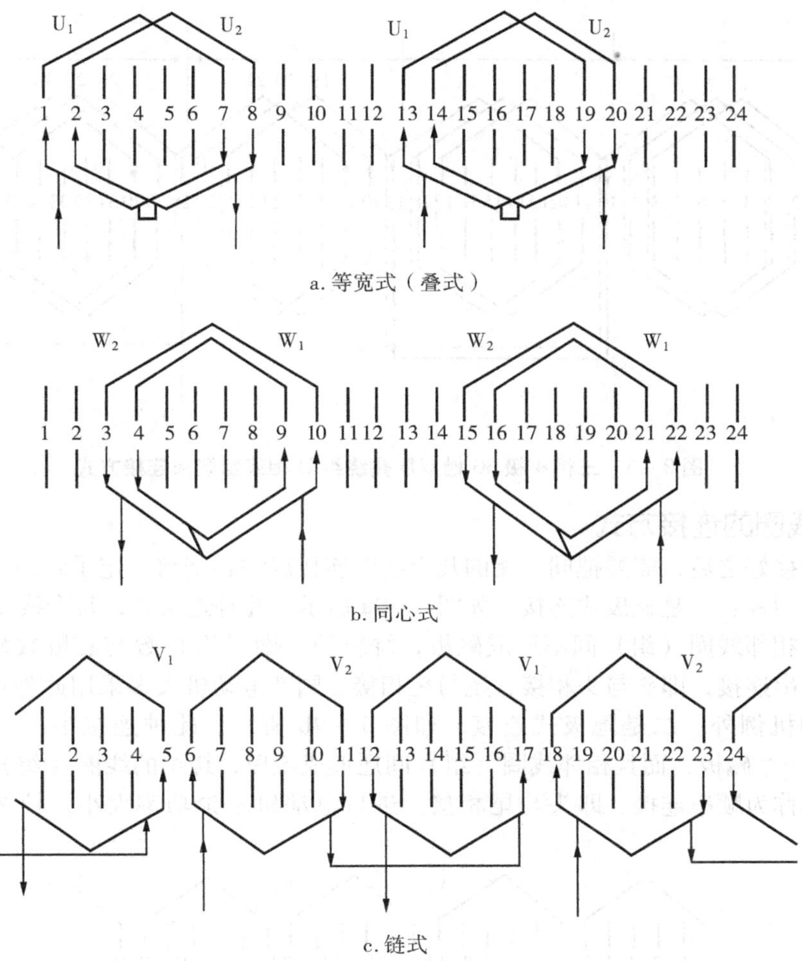

图 3－7　三相 4 极 24 槽单层绕组的三种类型

对容量大，要求高的电动机，通常用双层绕组。双层绕组的节距可任意选定，利用适当的短距系数，即可消除气隙磁场中的高次谐波，改善电动机性能。

四、三相双层绕组的端部连接方式

双层绕组在每槽内嵌放两个有效边，形成了上层边与下层边，各层均有自身的分布规则。绕组的上层边仍按单层对称三相绕组的分相规则进行，划分出每对磁极下的 U_1—W_2—V_1—U_2—W_1—V_2 各相带。下层边是按给定的节距 y，确定每一线圈的下层边。节距 y 的确定可按原先设定值，在拆绕组时记录下来。也可计算确定节距 y：先由 $\tau = Z/2p$ 确定极距，再由 $y = \frac{5}{6}\tau$ 按取整数即可。最后用叠绕的方式连接各线圈端部。

双层绕组的每个线圈两条有效边一定要分别置于不同槽内的上层边和下层边，连接线圈端部组成极相组和一相绕组所依据的电流正方向是按各线圈上层有效边所标定的。图 3－8为三相 4 极 36 槽双层叠绕组 U 相绕组端部连接方式。

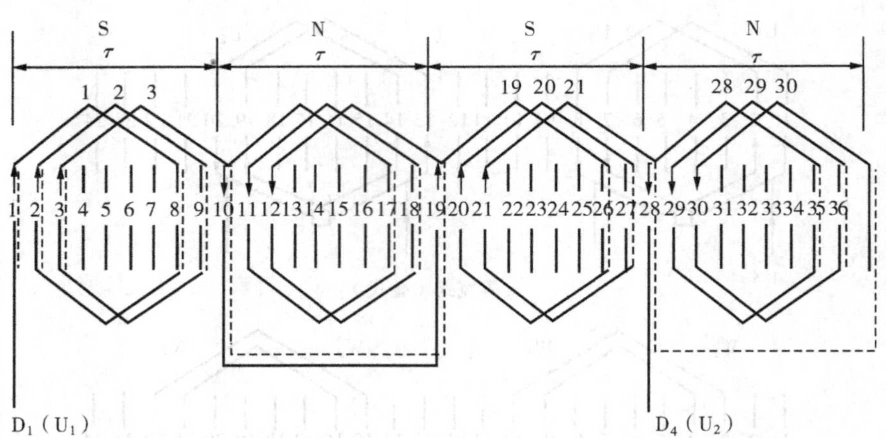

图 3－8 三相 4 极 36 槽双层叠绕组 U 相绕组端部连接方式

五、线圈的连接方式

端部连接好之后，需要把同一相的几个线圈连接成一相绕组。定子绕组线圈的连接方式可以分为两种：一是显极式连接。如图 3－9a 所示。此种连接中，每个线圈（组）形成一个磁极，相邻线圈（组）间不形成磁极，绕组的线圈（组）数与磁极数相等。此种连接也称为反串连接，即头与头相接，尾与尾相接。国产电动机大多采用此种连接，只有少数功率电动机例外。二是隐极式连接，如图 3－9b 所示。此种连接中，不但每个线圈（组）形成一个磁极，而且相邻线圈（组）间还形成磁极，绕组的线圈（组）数与磁极对数相等，也称为顺串连接，即头与尾相接。进口电动机不论功率大小，较多采用此种连接。

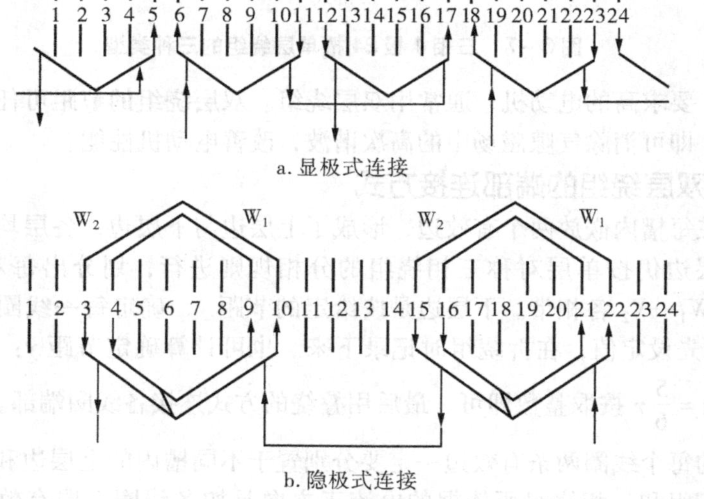

a. 显极式连接

b. 隐极式连接

图 3－9 线圈的两种连接方式

任务四　单层绕组嵌线规律

各种类型的绕组结构差异很大，要使它们在嵌线后有一个对称、合理的端部，必须遵循它们各自特定的规律和步骤来嵌线。

一、单层链式绕组嵌线规律

现以三相4极24槽电动机为例，说明单层链式绕组的嵌线规律。图3－10是这种电动机的三相绕组展开图。

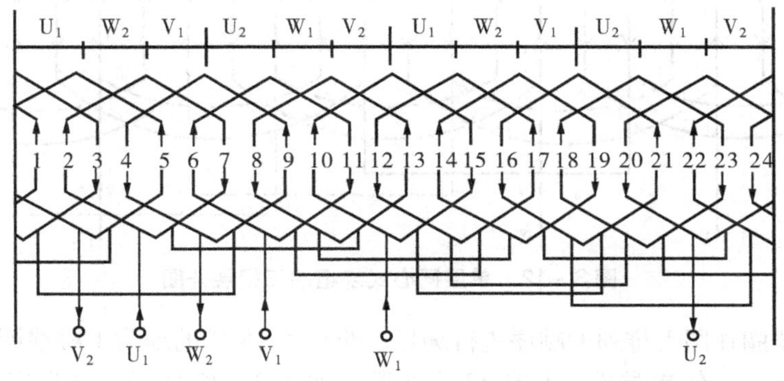

图3－10　单层链式绕组的三相展开图

首先将第1个线圈的一条有效边嵌入第7槽，根据节距 $y=5$，另一条有效边应该嵌入第2槽，但第2槽有效边的端部是在第11、12个线圈的端部上面，而第11、12个线圈还没有嵌入，所以第2槽要等到第11、12个线圈全部嵌入完后，才可以嵌入，因此需要暂时吊在定子内腔（称为吊把）。为防止线圈散乱，要用绝缘纸把这条有效边先包起来，等到第11、12个线圈全部嵌完后，再嵌入第2槽（称为收把），然后空一槽（8槽）。再将第2个线圈的一条有效边嵌入第9槽，另一条有效边应该嵌入第4槽，但第4槽有效边的端部是在第12个线圈的端部上面，而第12个线圈还没有嵌入，所以第4槽要等到第12个线圈嵌入完后才可以嵌入，因此也需要吊把，等到第12个线圈嵌完后，再收把，再空一槽（10槽）。将第3个线圈的一边嵌入第11槽，空一槽（12槽）。接下来，嵌一槽，空一槽，直至嵌完。图3－11所示为单层链式绕组嵌线规律图，内部数字为槽号，外部数字为线圈号。

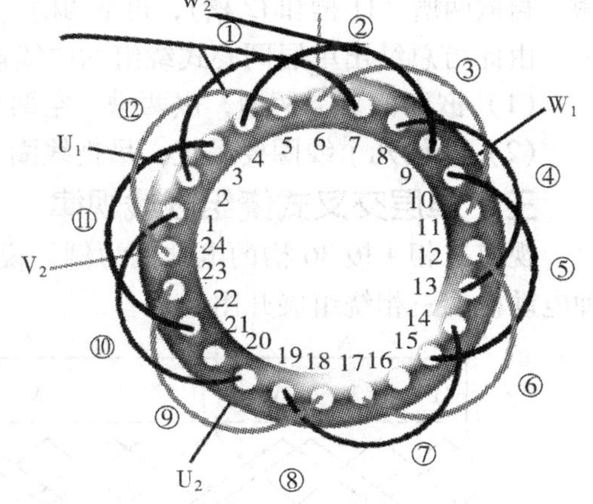

图3－11　单层链式绕组的嵌线规律图

因此单链绕组的嵌线规律为：

（1）嵌一槽、空一槽，再嵌一槽，再空一槽，依次类推。

（2）吊把（暂时吊在定子内腔）数为 q（本例中 $q=2$）。

二、单层同心式绕组嵌线规律

现以三相4极24槽电动机例，说明单层同心式绕组的嵌线规律。图3-12所示是这种电动机的三相绕组展开图。

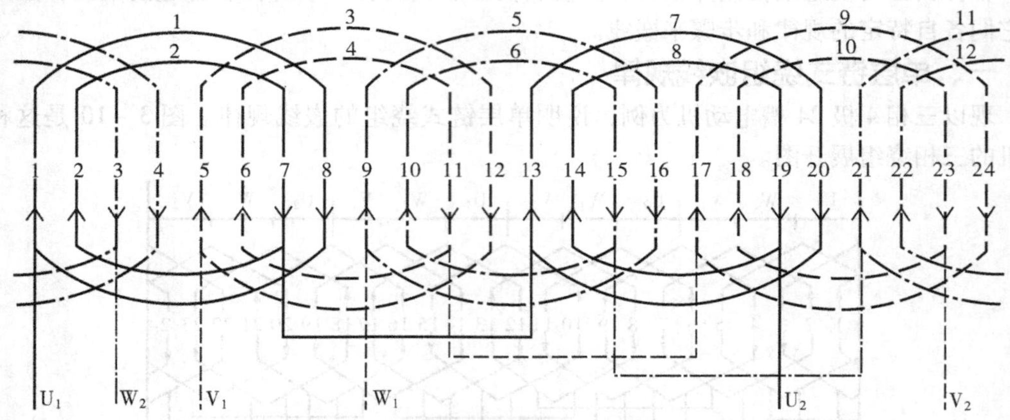

图3-12　单层同心式绕组的三相展开图

将绕组按线圈在图上排列的顺序进行编号；跨距1~8槽的编为1号线圈，跨距2~7槽的编为2号线圈……依次类推，共有12个线圈，如图3-12所示。首先嵌两槽（7槽和8槽），而将1槽和2槽悬空（称为吊把），并保护好不受损坏；接下来是空两槽（9槽和10槽）再嵌两槽（11槽和12槽），再空两槽（13槽和14槽）；再嵌两槽，再空两槽，直至嵌完。

由此可总结出单层同心式绕组的嵌线规律：

（1）嵌两槽、空两槽，嵌两槽、空两槽，依次类推。

（2）开始几个线圈要吊把，吊把线圈数为q（本例中$q=2$）。

三、单层交叉式绕组嵌线规律

现以三相4极36槽的电动机为例，说明单层交叉式绕组的嵌线规律。图3-13是这种电动机的三相绕组展开图。

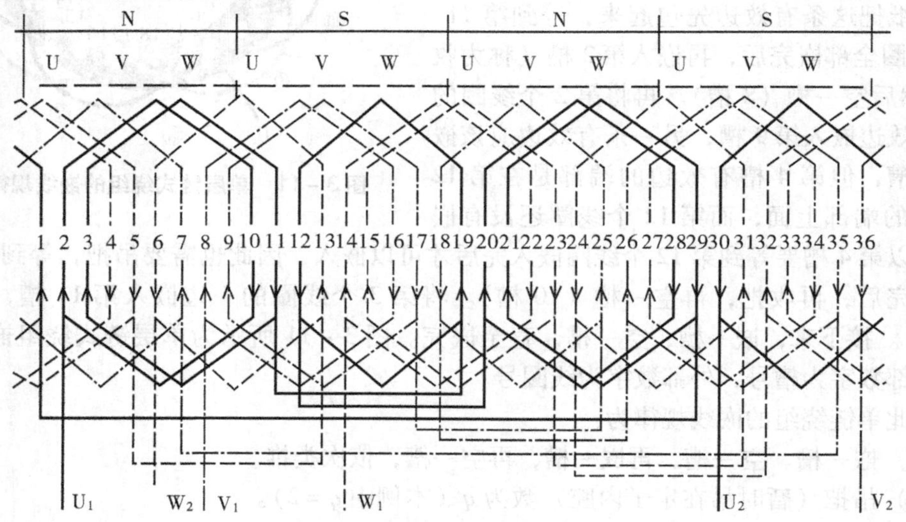

图3-13　单层交叉式绕组的三相展开图

如图 3 – 13 所示，首先嵌双线圈的两条有效边（如第 10、11 槽），把双线圈另两条有效边（第 2、3 槽）吊起；隔一槽（空第 12 槽），嵌单线圈有效边（第 13 槽），另一有效边（第 6 槽）吊起；隔两槽（空第 14、15 槽），嵌两槽（第 16、17 槽），另两条有效边（第 8、9 槽）不再吊起而嵌入槽内；隔一槽（空第 18 槽），嵌一槽（第 19 槽），把另一边（第 12 槽）嵌入；再隔两槽，嵌双线圈的四条边，再隔一槽，嵌单线圈的两条边，直至嵌完。

由此可总结出单层交叉式绕组的嵌线规律：

（1）嵌两槽、空一槽，下一槽、空两槽，依次类推；

（2）开始几个线圈要吊把，吊把线圈数为每相槽数 q（本例中 $q=3$）。

任务五　双层叠绕组嵌线规律

双层叠绕组的端部排列规律是线圈一个依次压一个，其嵌线规律较为简单。现以三相 4 极 36 槽，节距是 7 的电动机为例，说明双层叠绕组绕组的嵌线规律。图 3 – 14 为双层叠绕组的三相展开图。

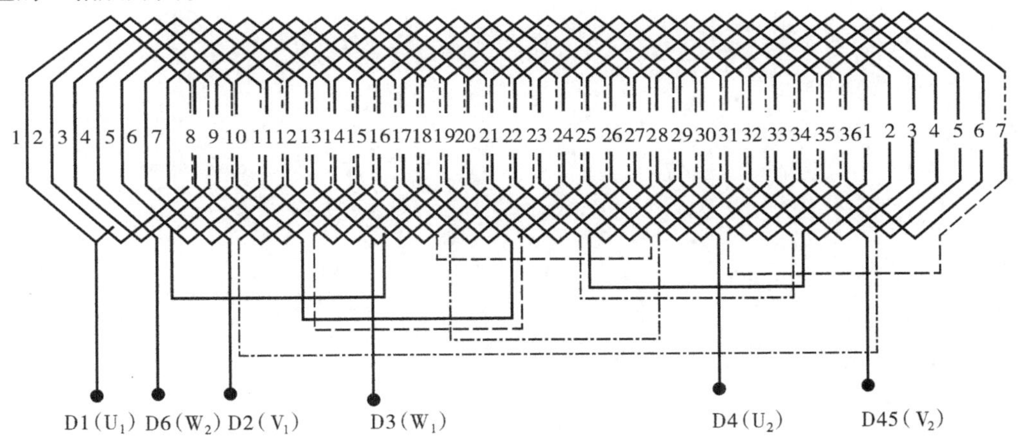

图 3 – 14　双层叠绕组的三相展开图

嵌线时，先把第一个线圈的下层边嵌入 8 槽，它的上层边本应嵌入 1 槽，但在 1 槽中是上层边，需要压在同槽的下层边上，故它的上层边需要吊把。然后，不空槽，逐槽嵌入第二、三、四、五、六、七线圈的下层边，它们的上层边都需要吊把。以后的各线圈，可以两有效边同时嵌入，直到完成嵌线。

由此可得出双层叠绕组的嵌线规律：

（1）从任一槽开始，把元件的下层边逐槽依次嵌入。

（2）前几个线圈需要吊把，吊把线圈数等于节距 y（本例中 $y=7$）。

习题

1. 有一台三相 2 极 18 槽电动机，试计算：

（1）极距。

（2）若绕组的节距是 8，确定此绕组的类型。

（3）每极每相槽数。

（4）槽距角。

（5）相带。

2. 有一台三相 2 极 36 槽电动机，试画出有效边分相图。

3. 试简述单层链式、交叉式和同心式绕组的端部特点。

4. 试简述单层链式、交叉式和同心式绕组的嵌线规律。

5. 有一台 8 极 48 槽电动机，其绕组形式为单层链式，请画出 V 相绕组展开图。

项目四　三相异步电动机绕组的重绕

知识目标：

熟悉三相异步电动机绕组的重绕步骤。

技能目标：

掌握三相异步电动机定子绕组的重绕工艺。

任务一　填写原始记录卡

原始记录是第一手技术资料，尤其是国外进口的电动机，要认真测量和记录。原始记录包括铭牌数据、铁心数据、绕组数据以及运行和拆除时的检查内容，完成这些数据的填写工作，需要在拆除绕组之前便开始记录，一直到拆除绕组终止，贯穿整个拆除工艺过程。

把测量的原始记录数据认真填写在记录卡内，如表 4－1 所示，同时要经检查员检查无误后才能作为正式原始记录放入技术档案中保存。

表 4－1　三相异步电动机定子绕组重绕的原始记录卡

<table>
<tr><td colspan="4">（1）铭牌数据
型号____额定功率____（kW）额定电压____（V）额定电流____（A）转速____频率____
接线____运行方式____负载持续率____效率____功率因数____转子电压____（V）
转子电流____（A）耐热等级____重量____（kg）产品编号____制造厂____制造日期____</td></tr>
<tr><td colspan="2">（2）定子铁心数据　　　（单位：mm）
定子铁心外径________
定子铁心内径________
气隙值________
定子铁心总长________
通风槽数________
槽数________</td><td colspan="2" rowspan="3">（3）定子绕组数据
绕组形式________
线圈节距________
导线型号________
导线规格________
并绕根数________
并联路数________
每槽匝数________
线圈伸出铁心长度________
接线端________
非接线端________
槽绝缘材料________
槽绝缘厚度________
槽楔材料________
槽楔尺寸________</td></tr>
<tr><td colspan="2">槽形尺寸________</td></tr>
<tr><td colspan="2"></td></tr>
<tr><td>绕组接线草图</td><td></td><td>故障原因及改进措施</td><td></td></tr>
</table>

任务二　判别三相定子绕组接线方式

在做原始记录时，对于绕组的接线方式必须判定正确，否则电动机绕组修理重绕后将造成返工。

一、首先判别电动机的极数

检查绕组实际的极数是否与铭牌相符。检查方法有以下几种。

（一）按线圈节距判断电动机极数

因为线圈的节距大小接近极距，比如4极电动机，则线圈的节距大小占定子铁心圆周的1/4左右。

（二）按极相组中线圈数目计算出极数

因为每相邻的异相线圈组之间都端部相间绝缘纸隔开，只要数一下两相邻相间绝缘用纸之间的线圈数目，就是每极每相槽数q。

（三）按铭牌的转速计算出极数

$$2p=\frac{120f}{n_1}$$

二、判别绕组形式

（1）如果极相组（线圈组）之间的尾与尾相接，头与头相接，则是显极式绕组；如果是头尾相接，则是隐极式绕组。

（2）单层绕组大都在小型电动机上使用，并且按每极每相槽数q进行判别绕组形式。当$q=2$时，一般是单层链式绕组；当$q=3$时，是单层交叉式绕组。

三、从三相绕组中性点判别绕组的连接方式

通常三相绕组接成Y或△两种方式。

（1）如果绕组有中性点，则绕组是Y接法；如果查不到中性点，则是△接法。

（2）一般情况下，4kW以下的小型电动机常采用Y接法，大于4kW以上的中小型电动机常采用△接法。

四、从电源线与极相组连接情况判别绕组接线方式

（1）若每根电源线只与一根导线或一个极相组端头相连接，则可判定绕组是1Y，可查中性点判定。

（2）若每根电源线与两个极相组端头相连接，则绕组可能是1△或2Y连接，查一下有无中性点，如有，则可以说明此绕组是2Y接法，否则为1△接法。

（3）若每根电源线与三个极相组端头相接，则此绕组为3Y接法，因为连接的线圈端头是奇数3，不会出现2△或3△接法。

（4）若每根电源线与四个线圈组端头相连接，则绕组的接线方式可能是4Y或2△接法，查一下有无中性点来区分。如有12个线圈组的出线端连接在一起构成中性点，则此绕组为4Y接法。

（5）若每根电源线与五个线圈组端头相连接，则是5Y接线。

绕组并联支路数a与电动机极数有关，判断时要参考表4－2。比如6极电动机，解不出4路并联，因为要求每路的线圈组数必须相同，而6不能被4整除。

表4－2　电动机最大可能并联路数与电动机极数的关系

极数	2	4	6	8	10	12	14	16	18
可能并联路数	1，2	1，2，4	1，2，3，6	1，2，4，8	1，2，5，10	1，2，3，4，6，12	1，2，7，14	1，2，4，8，16	1，2，3，6，9，18

五、判别线圈并绕根数

将线圈之间的连接线剥开绝缘或剪断，数一数导线根数，此根数就是并绕根数。

任务三　拆除旧绕组的方法

一、冷拆法

首先将电动机加热至100℃左右，选择被拆电动机绕组的非接线端，用磨出刃口的扁錾对齐槽口将非接线端的上层绕组端部剁掉，一定要对齐槽口，否则不易退出槽中线圈。如图4－1所示。逐槽剁掉上层线圈端部后，将此端部线圈拉直，露出这端的下层线圈端部，然后用比槽形稍小的钢棍将留在槽内的上层线圈向连接线端打出，逐槽打出后，将非接线端下层线圈端部与铁心之间垫入金属垫板，再用扁錾把下层线圈端部对齐槽口逐槽剁掉，这时非连接线端的上下层线圈端部全部拆除。再用小钢棍逐槽打出槽内下层线圈，全部打出后，连接线端的所有线圈也都拆除干净。然后打出槽绝缘，清理槽内绝缘。

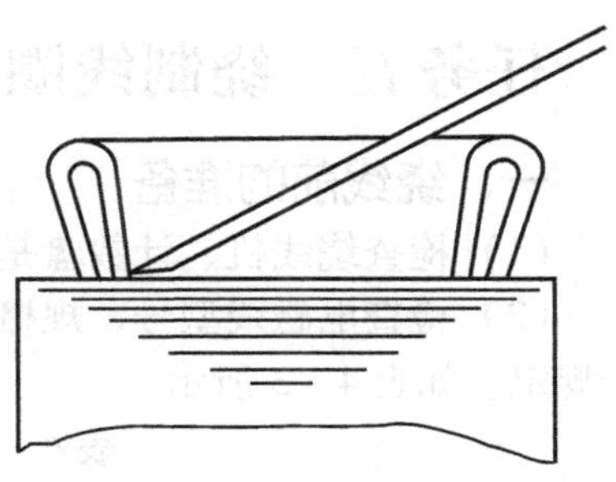

图4－1　扁錾对齐槽口

二、热拆法

如果拆除绕组较困难，也可将线圈加热至180～200℃，先剔出槽楔，如图4－2所示。然后按上述方法拆除。对于容量较大的电动机，可不用钢棍打出槽内线圈，扁錾可用厚的废锯条或废钢锉磨制，不能太薄。

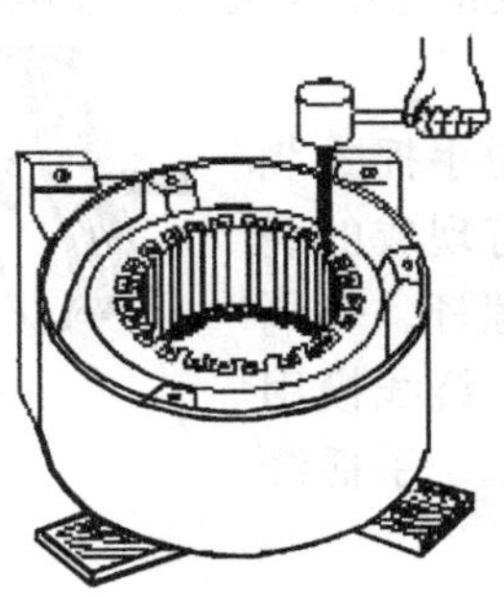

图4－2　剔出槽绝缘

任务四　清理铁心

旧绕组全部拆除后，要趁热将槽内残余绝缘清理干净，尤其在通风道处不准有堵塞。残余绝缘必须清理干净，否则影响嵌线质量。清除时可采取烧热的铁条穿入槽内，烧焦残余绝缘材料，再用与槽形尺寸相当的铁条打入槽内清除残余漆瘤。对于细长的转子铁心槽，清理是非常费工费时的，要求细致操作，不可损伤硅钢片。用喷灯或氧气火焰烧铁心槽口是不允许的，因为会使铁心齿变形、导磁性能降低。槽口错片可用金属锤打击垫好的软金属校正，不可用锉不齐的冲片。铁心清理后，用蘸有汽油的擦布擦拭铁心各部分，尤其在槽内不许有污物存在。再用压缩空气吹净铁心，使清理后的铁心表面干净，槽内清洁整齐。

任务五　绕制线圈

一、绕线前的准备

（1）检查绕线机、计数盘是否正常。

（2）检查电磁线型号、规格，其绝缘厚度公差应符合规定，裸导线线径允许偏差应符合规定。如表 4－3 所示。

表 4－3　常用裸导线线径的允许偏差

裸导线标准直径（mm）	0.26～0.70	0.71～1.00	1.01～2.50
允许偏差（mm）	±0.10	±0.015	±0.020

（3）检查绕线模，并安装在绕线机上。

（4）将备绕的电磁线装在放线架上。

（5）在绕线和放线架之间，必须将导线夹紧，夹紧导线的方法较多，通常采用紧线夹，紧线夹垫浸过石蜡的毛毡，并对紧线夹的夹紧程度进行适当的调整，以使绕线时具有一定的拉力。用毛毡浸石蜡的压板将电磁线夹紧，使电磁线拉力适度。

二、绕线

小型异步电动机线圈常用普通手摇式绕线机绕线，如图 4－3a 所示。没有现成的绕线机时，也可自制。可用一根长螺杆，一端弯成曲柄，在直杆段设两个支架。绕线模用两个螺母夹紧在支架之间的螺杆上，手摇绕线。如图 4－4 所示。

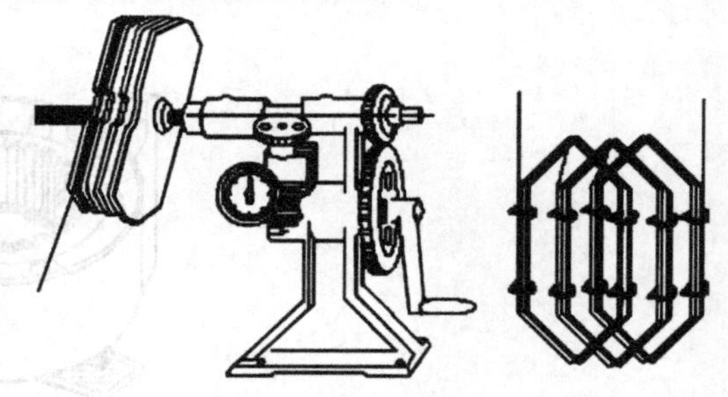

a. 绕线机　　b. 绑扎好的线圈

图 4－3　绕线

（一）绕线步骤

（1）在绕线模上放好卡紧布带，将引线头排在右手边，然后由右边向左开始绕线。

（2）绕线时，要有适当拉力，使各线匝靠紧。绕线后，留出所需的引线长度。

（3）绕制过程中，导线接头要在端部焊接。焊后清除毛刺，包扎绝缘。多根并绕导线

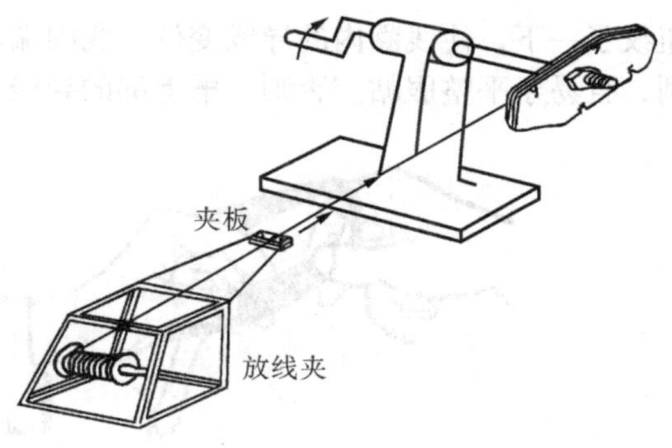

图 4 - 4　自制绕线机

的接头，各匝错开一定长度。

（4）检查线圈尺寸、匝数，均符合要求后再成批绕线圈。

（5）线圈绕制后，要求线匝排列整齐，绕制紧密，绑扎牢固，绝缘完好，尺寸符合要求，匝数正确。从绕线模上取下的线圈组如图 4 - 3b 所示，应整齐地放在干净的地方。

（二）导线的检查

绕线前，先用千分尺检测导线直径、导线绝缘厚度是否符合要求。若导线过细，将使绕组电阻增大，影响电气性能；若导线直径太粗或导线绝缘厚度过大，就会造成嵌线困难。同时还应检查导线的软硬程度，太硬使绕制困难，并导致绕组增大，影响电动机的性能，故不宜采用。在绕制过程中，如果导线是成圈的，或线径小于0.5mm，则宜用立式拉出放线法（即不需要放线架，直接把成圈或成盘的电磁线立放在某一水平面上，将线放出），这种方法因盘线没有旋转惯性，不易拉乱，还要注意夹板不能夹得太紧，以免把铜线拉细。

（三）绕组的接头

在绕线中发现导线长度不够或断线现象时，允许采用焊接接头。对绕组的接头要求是：其位置应在线圈端部斜边处，要求焊接光洁、良好，并用绝缘带半叠包一层，既保证接触良好，又使绝缘性能可靠。如接头位置在直线部分，可用绝缘管套入，以保证绝缘良好。

（四）导线的绝缘修补

绕线中应仔细观察导线，如有绝缘损坏处，用绝缘胶布包一层，或涂刷相应的绝缘漆。但每个线圈接头数不得超过一处，每相线圈不得超过两处，每台电动机线圈不得超过四处。其接头必须在端部斜边处，且修补良好，以保证绝缘可靠。

任务六　嵌线工艺

嵌线的工艺要点如下：

一、引线处理

先将线圈导线理齐，引出线理直。线圈嵌线时的引出线要放在靠近机座出线盒的一端，即以出线盒为基准来确定嵌线第一槽的位置。引出线应套上绝缘套管，一般采用2730醇酸玻璃漆管，其直径大小应适宜，长度应一致，要求绝缘良好。

二、线圈捏法

先用右手把要嵌的线圈边捏扁，用左手捏住线圈的一端向相反方向扭转，如图 4 - 5a 所示，使线圈的槽外部分略被扭绞，以免线圈松散，使其顺利地嵌入槽内。线圈边捏扁后放到槽口的槽绝缘中间，左手捏住线圈朝里拉入槽内，如图 4 - 5b 所示。如果槽内不用引槽纸，应在槽口临时衬两张薄膜绝缘纸，以保护导线绝缘不被槽口擦伤，线圈边入槽后，即可把薄膜绝缘纸取出。如果线圈边捏得好，一次就能将大部分导线拉入槽内，由于线圈

扭绞了一下，使线圈内的导线变位；线圈端部有了自由伸缩的余地，对嵌线、整形都很便利，且易于平整服帖。否则，槽上部的导线势必拱起来，使嵌线困难。

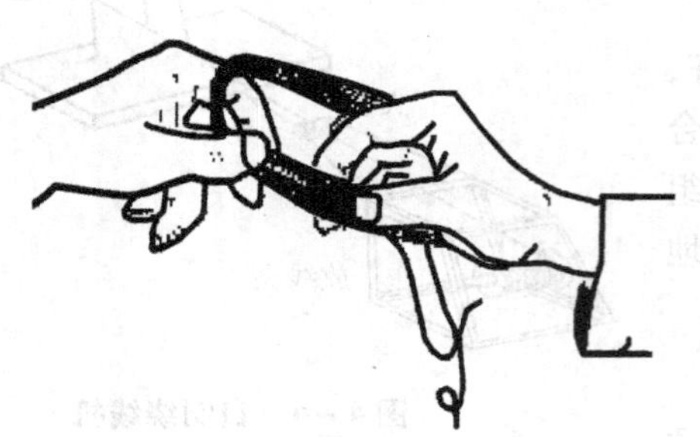

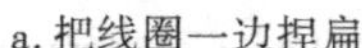

a. 把线圈一边捏扁

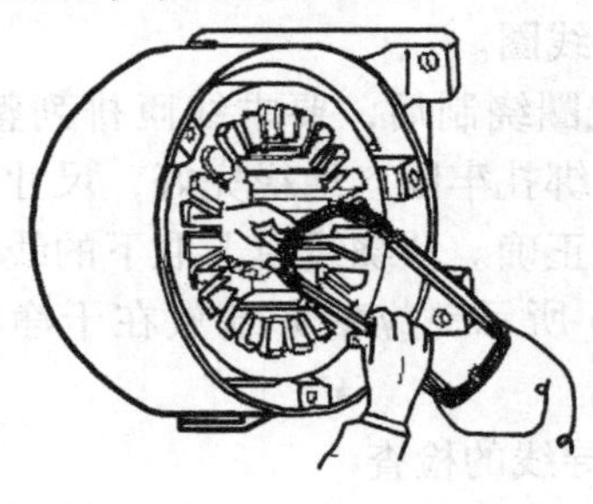

b. 把导体拉入槽内

图 4－5 嵌线手法

三、理线与压线

导线进槽应按绕制线圈的顺序，不要使导线交叉错乱，线圈两端槽外部分虽略被扭绞，但槽内部分必须整齐平行，否则会影响导线的全部嵌入，而且还会造成导线相擦而损伤绝缘。在线圈捏扁后不断地送入槽内时，用划线板在线圈边两侧交替理线，引导导线入槽。划线板运动方向如图 4－6 所示。

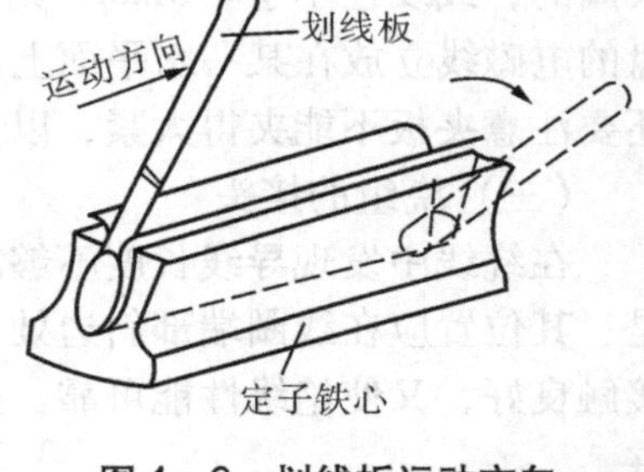

图 4－6 划线板运动方向

若为双层绕组时，当嵌完下层边后，就把层间绝缘放入槽内，用压线板压平，然后再嵌上层边。方法是一手持划线板，另一手捏线圈，将导线两根或三根滑拨入槽，如图 4－7 所示。当大部分导线嵌入后，用两手掌向里、向下按压线圈端部，将其端部压下去一点，而且让线圈张开些，不使已嵌入的导线张紧在槽口，这样有利于上层边全部嵌入。理线时，应先理下面的几根导线，使导线在嵌完后按顺序排列，无交叉错乱现象。当槽满率较高时，在嵌线后期需用压线板压实导线，但不可猛敲。定子较大时，可用小锤轻敲压线板，应注意端部槽口转角处容易凸起，使导线嵌不下去，可以把竹板垫住端部往下敲打。导线全部嵌入槽内后，用压线板把全部导线压实，以便封槽。

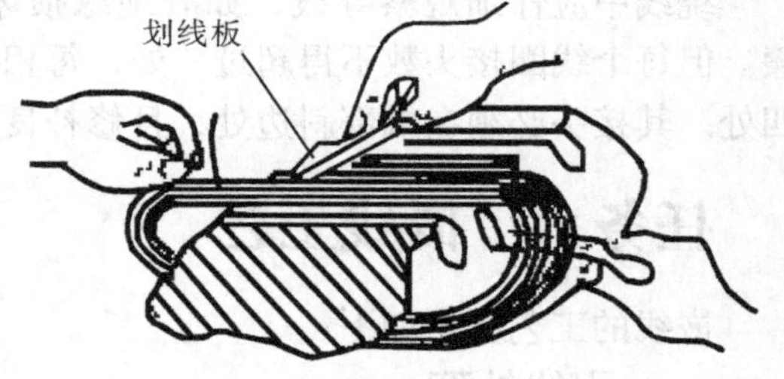

图 4－7 双层绕组的理线

四、起把线圈的处置

起把线圈即吊把线圈，吊把线圈被吊起后，下面应垫一张纸，以免线圈边与铁心相碰而擦伤绝缘，如图 4－8 所示。当嵌完最后一个线圈后，就可把最初吊起的起把线圈几条有效边逐一放下，嵌入相应的槽内。

图 4－8 吊把线圈的处置

五、封槽口

当导线全部嵌入槽内后，用压线板轻轻压实导线，剪去露出槽口的引槽纸，如图 4 - 9a 所示，用划线板将槽绝缘两边折拢，包住导线，再把槽楔打入槽内，压紧线圈，如图 4 - 9b所示。槽楔长度比槽绝缘短 3mm，要求打入槽内后松紧适当。

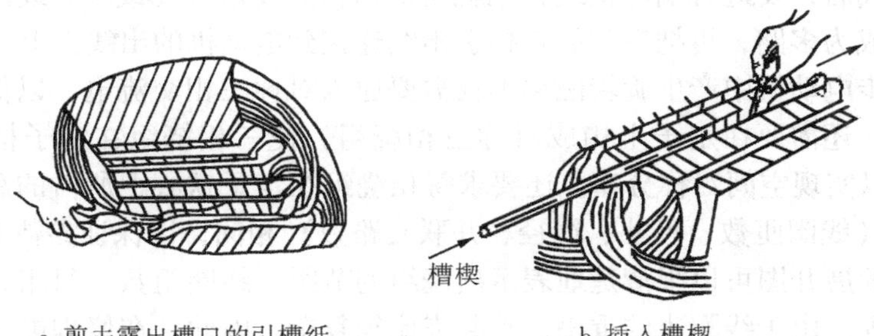

a. 剪去露出槽口的引槽纸　　b. 插入槽楔

图 4 - 9　封槽口

六、层间绝缘与相间绝缘

当采用双层绕组时，同槽上下两层之间垫入与槽绝缘材料相同的层间绝缘。在下层边嵌好后，就把层间绝缘放进槽内，盖住下层边，如图 4 - 10 所示。要求层间绝缘两端伸出槽外长度均等，且不允许有个别导线在层间绝缘上面，以免造成相间击穿。

相间绝缘即绕组端部相间垫入与槽绝缘相同的材料。在封槽后，接着在两端垫入相间绝缘，使其压住层间绝缘，并与槽绝缘相接触，端部相间绝缘应边嵌线边垫上，否则不易垫好。

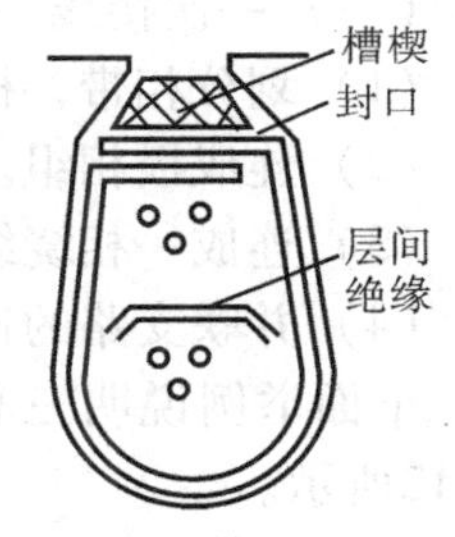

图 4 - 10　双层绕组层间绝缘设置

七、端部整形

线圈全部嵌完后，检查线圈外形、端部排列及相间绝缘，待符合要求后，首先用手将绕组两端下压成喇叭口，如图 4 - 11a 所示。然后把木板垫在绕组端部，用手锤轻轻敲打，整成较为规范的喇叭口，如图 4 - 11b 所示，其直径大小要适宜，既要有利于通风散热，又不能使端部离机座太近，影响绝缘，如图 4 - 11c 所示。

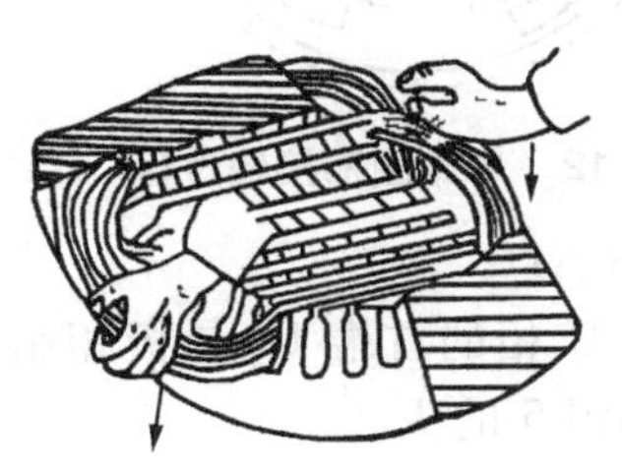

a. 把线圈端部适当下按

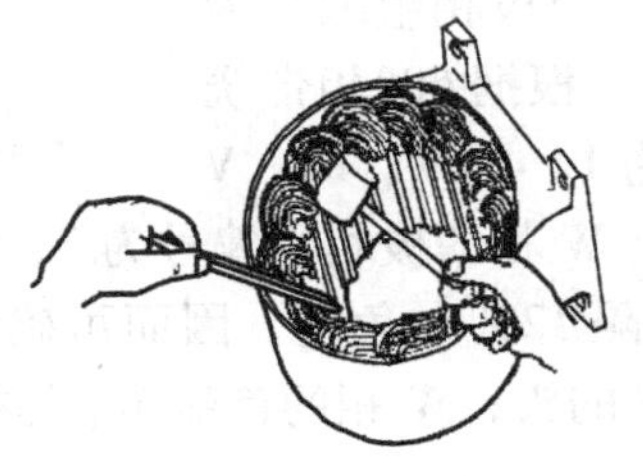

b. 敲喇叭口

定子
风道畅通
转子

c. 风道畅通

图 4 - 11　端部整形

任务七　接线工艺

一、绕组的接线

线圈嵌好线后，要进行端部接线，也就是把每相的极相组（或单只线圈）串联成为一路，或者并联成为多路，再把三相的六根引出线连接到电动机的出线板上。

在三相异步电动机中产生旋转磁场不仅需要通入对称三相交流电，以保证电流在时间上的对称分布，还需要在定子上构成对称三相绕组，使三相绕组在定子槽内相－相间隔120°电角度，以实现空间对称分布。还要求每相绕组在定子铁心上所占的总槽数相等，各相绕组的参数（线圈匝数、尺寸、线径、并联支路数）相同，以保证参数对称分布。

三相绕组的展开图可以很清楚地表示出绕组的节距、线圈组数、每组线圈数、各相的头尾连接方式等。由于线圈边的重叠，画起来比较复杂，因此，在修理电动机的实际接线时，为了能清楚地看出各线圈组之间的连接方式，常采用一种简化了的圆形接线参考图。

二、绕组接线的过程

（一）一次接线

（1）划分相带，标出各相带中的电流正方向。

（2）连成极相组。

（3）连成一相绕组。

（4）并联支路的连接。

下面举例说明三相 4 极单路接线过程，如图 4－12所示。

首先，将定子圆周按极相组数均分成 $2pm$（p 是磁对数，m 是电源相数，本例中，$p=2$，$m=3$）段，每段表示一个极相组。三相共有 $2pm=2\times2\times3=12$ 个极相组，故图中有 12 根圆弧短线。

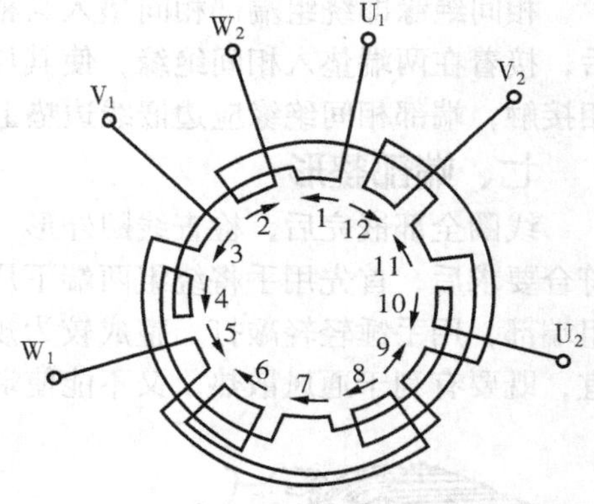

图 4－12　单路圆形接线过程

其次，极相组的排列次序应与展开图一致，顺次给每个极相组编号，第一个极相组由 1、2、3 三个线圈串联而成，编号为 1，第二个极相组编号为 2，依次类推，共有 12 个极相组。根据 60°相带绕组的原则，U 相的极相组编号为 1、4、7、10；V 相的极相组编号为 3、6、9、12；W 相的极相组编号为 2、5、8、11。

再次，三相绕组的首端应相隔 120°电角度，因而可确定：U 相的首端 U_1 是极相组 1 的头；V 相的首端 V_1 是极相组 3 的头；W 相的首端 W_1 是极相组 5 的头。

（二）二次接线

1. 接引出线　连接好的定子绕组由六根引出线把三相首尾端引至接线盒。绕组引出线要采用橡皮绝缘软导线或其他多股绝缘软铜线、蜡壳线等。其线径、规格可根据电动机的额定功率或额定电流，再考虑一定的裕量，从表 4－4 中选用。也可参照电动机原有引出线的规格选用。

表 4－4　三相电动机电源引出线规格

功率（kW）	额定电流（A）	导线横截面积（mm^2）	可选用导线规格（根/mm^2）
0.35 以下	1.2 以下	0.3	16/0.15
0.6～1.1	1.6～2.7	0.7～0.8	40/0.15，19/0.23
1.5～2.2	3.6～5	1～1.2	7/0.43，19/0.26，32/0.2，40/0.19
2.8～4.5	6～10	1.7～2	32/0.26，37/0.26，40/0.25
5.5～7	11～15	2.5～3	19/0.41，48/0.26，7/0.7，56/0.26
7.5～10	15～20	4～5	49/0.32，19/0.52，63/0.32，7/0.9
13～20	25～40	10	19/0.28，7/1.33
22～30	44～47	15	49/0.64，133/0.39
40	77	23～25	19/1.28，98/0.58
55～75	105～145	35～40	19/1.51，133/0.58，19/1.68

2. 进行首尾端连接　Y 连接尾尾相连，△连接首尾相连。图 4－13 所示为三相电动机接线盒中三个首、三个尾的接线柱。

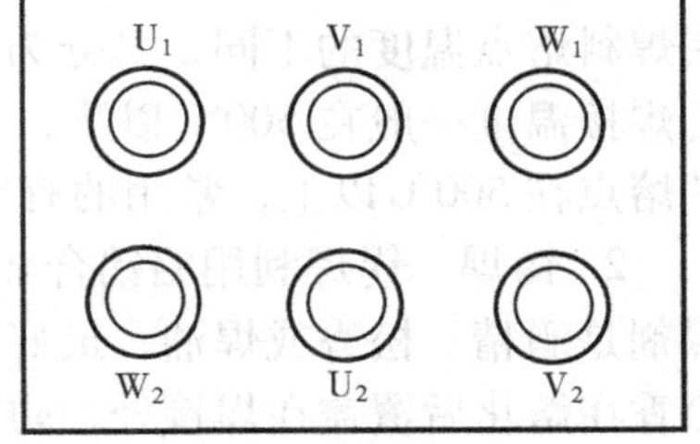

图 4－13　接线盒

三、接头焊接工艺

互相绞合的导线在运行中的高温作用下会很快氧化。氧化膜使导线间的接触电阻增加，发热加剧，形成热点。因此，电动机的所有接头都必须焊接。

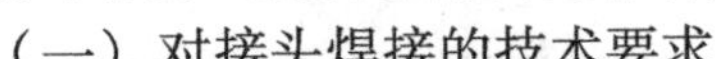

（一）对接头焊接的技术要求

1. 焊接牢固　要有一定的机械强度，在电磁力和机械力的作用下，不会脱焊、断线。

2. 接触电阻小　焊接后，与同样截面的导线相比，电阻值应相等，甚至更小，以免运行中产生局部过热。电阻值必须稳定，在运行中无大的变化。

3. 焊接方便　要求焊接容易操作，不影响周围的绝缘，并且成本应尽可能低。

（二）焊接前的准备工作

1. 配置套管　一般线圈引线的套管在绕线时已套上，接线时可根据情况适当修剪一下长短，再串套上长度为 40～80mm 的较粗的醇酸玻璃丝漆管，如图 4－14 所示。

图 4－14　配置套管

2. 刮净线头　刮净聚酯漆包线上的绝缘漆时，可用双面刮刀或化学清除法。当采用双面刮刀时，在拉刮时不断转动方向，使圆导线周围都能刮净。刮刀可用碳钢锯条片做成，如图 4－15 所示，也可用砂纸代替。当采用化学清除法时，结束后应用清水冲洗，以防腐蚀。其脱漆剂有浓乙二胺溶液、甲酸丙酮混合溶液和苯酚氨水溶液等。使用化学清除法时，应注意安全和防护。

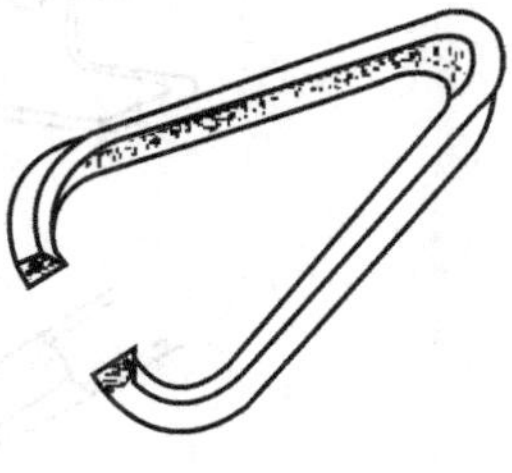

图 4－15　刮刀

3. 搪锡　为了保证锡焊的焊接质量，一般在绕线后，即将每个线圈的线头刮净搪锡，然后才嵌线、接线。搪锡在搪锡槽内进行，搪锡后应抛光或擦净。

4. 线头的连接　连接的形式很多，一般锡焊采用以下方法。

（1）绞线：如果导线较细，可以用线头直接绞合，要求绞合紧密、平整、可靠，如图4－16所示。

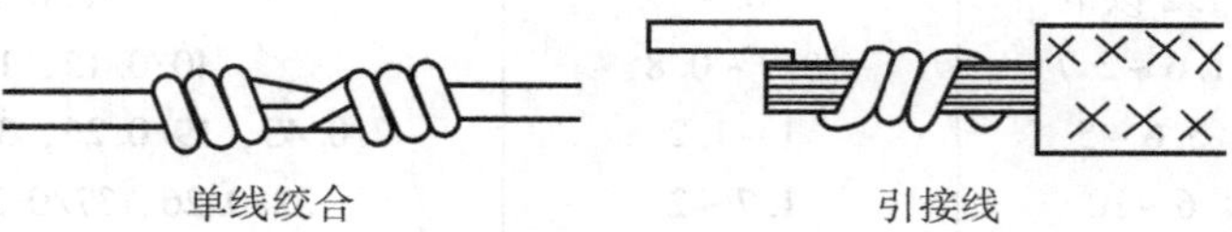

图4－16　绞线

（2）扎线：当导线较粗时，应用0.3～0.8mm的细铜线扎在线头上，如图4－17所示。

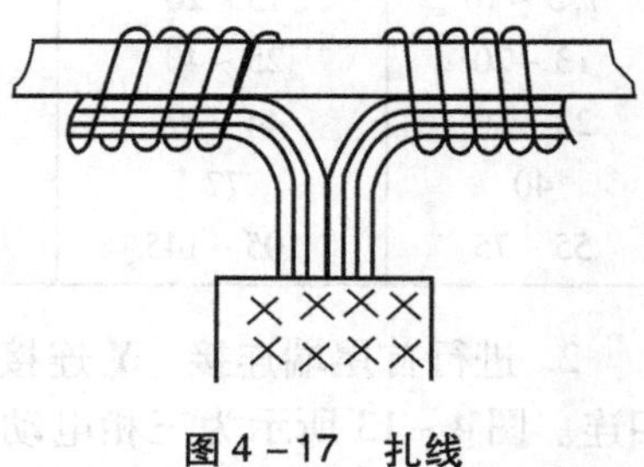

图4－17　扎线

（三）焊接的工艺要点

1. 钎焊　钎焊就是使熔点低于接头材料的金属焊料流入已加热的接头缝隙中，使接头焊成一体。根据所用焊料熔点温度的不同，又分为软焊和硬焊两种。软焊的焊接温度一般在500℃以下，如锡焊；硬焊所用焊料的熔点在500℃以上，常用的有银铜焊和磷铜焊。

2. 锡焊　锡焊利用铅锡合金作焊料，含锡量越高，流动性越好，但工作温度较低。其焊剂是酒精、松香或焊油，最好采用松香酒精溶液；酒精是去氧剂，将氧化铜还原为铜，松香在熔化后覆盖在焊接处，防止焊接处氧化。焊油有焊锡膏和焊锡药水，焊锡膏有腐蚀性，焊接完毕后，应用酒精棉纱擦洗干净。

（1）烙铁焊：烙铁焊一般选用电烙铁。操作时，应注意将烙铁烧热后，立即在头上接触处先搪上锡。电烙铁不能烧得过热，以免过热氧化而搪不上锡，俗称烧死。锡焊时，先在搪过锡的线头上刷点松香酒精，然后用搪上适量锡的烙铁放在线头下面（注意烙铁不要放在线头上面），当松香液沸腾时，快速把焊锡条涂在烙铁及线头上，不能等松香烧干冒烟后才上锡。烙铁离开后，趁热用布条或毛刷迅速擦去多余的锡，若有凸出的锡刺要设法去掉。在锡焊过程中，必须防止熔锡掉到线圈缝里去。焊接细导线时，可采用单股绞接后再锡焊的方法，如图4－18所示。

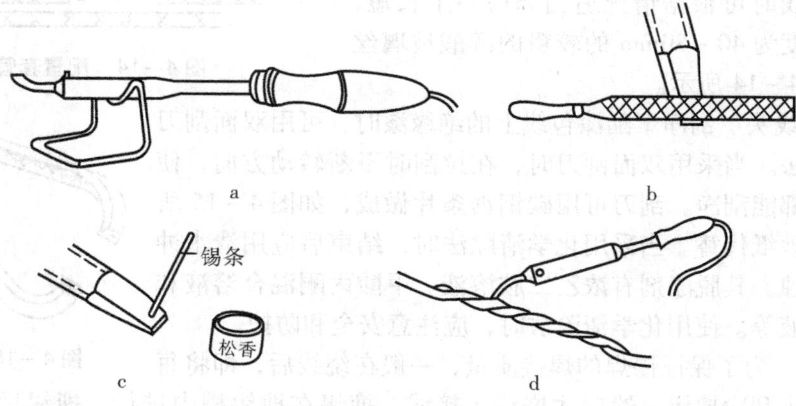

图4－18　烙铁焊

（2）浇锡焊：如果焊接线头数量较多，那么用浇锡焊接最为方便。先用铁锅在电炉或火炉上熔化较多的锡，然后用小勺对已准备好的线头浇注，大线头可多浇几次，浇注情况如图 4－19 所示。

（3）炭极加热锡焊：炭极加热锡焊适用于引线头等局部焊接，如图 4－20 所示。

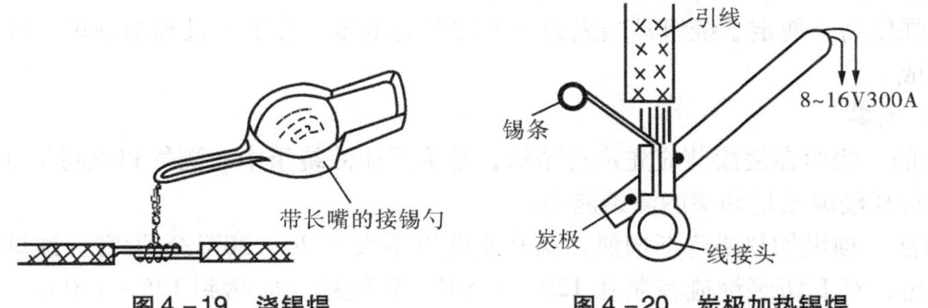

图 4－19　浇锡焊　　　图 4－20　炭极加热锡焊

四、端部绑扎

端部整形后，修剪相间绝缘，使其高出绕组 3～4mm。在有引接线的一端，应把电缆和接头处同时绑扎牢，必要时应在此端增加绑扎层数。

在接线前，先将定子的每个线圈引出线理顺，如图 4－21 所示，然后再根据圆形接线图连接。接线的安排一定要整齐、牢固，小型电动机把接线布置在端部外侧，待焊接完毕，套好套管后，与端部一起绑扎，如图 4－22a 所示。中型电动机接线较粗，可以单独把接线绑扎在端部顶上，如图 4－22b 所示。

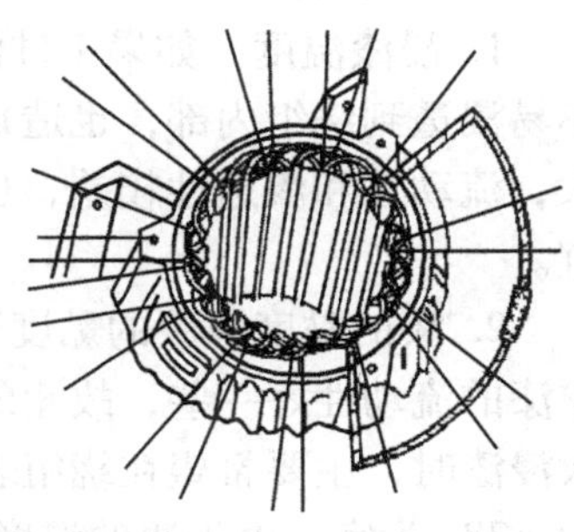

图 4－21　引出线理顺

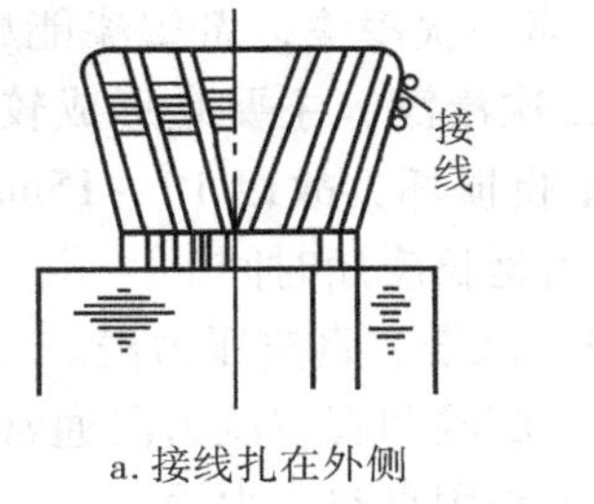

a. 接线扎在外侧

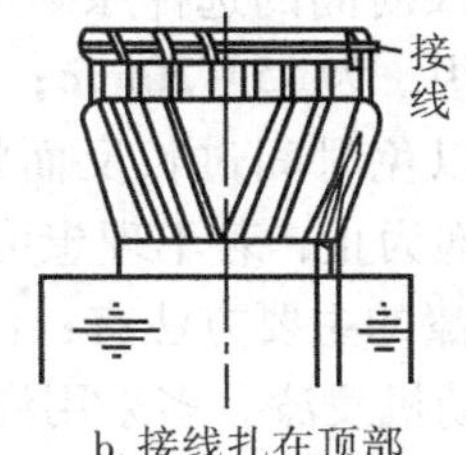

b. 接线扎在顶部

图 4－22　端部绑扎

任务八　电动机绝缘浸漆烘干处理

一、绕组的初测

绕组在完成接线、端部整形及绑扎后，尚未浸漆前，应对绕组进行检查和测试。检查线圈有无断路、短路、接地和接错，测试直流电阻、绝缘电阻是否达到要求等。若有问题，此时线圈未固化，正好便于检查和返修。

二、绕组的浸漆

绕组在电动机结构中是最脆弱的部件，为了提高绕组的耐潮防腐性和绝缘强度，并提高机械强度、导热性和散热效果与延缓老化等，必须对重绕后的电动机绕组进行浸漆处理。并要求浸漆与烘干严格按绝缘处理工艺进行，以保证绝缘漆的渗透性好、漆膜表面光滑和机械强度高，使定子绕组黏结成为一个结实的整体。其工艺过程由预烘、浸漆两个主要工序组成。

（一）预烘

1. 目的　绕组在浸漆前应先进行预烘，是为了驱除绕组中的潮气和提高工件浸漆时的温度，以提高浸漆质量和漆的渗透能力。

2. 方法　预烘加热要逐渐增温，温升速度以不大于20～30℃/h为宜。预烘温度视绝缘等级来定，对E级绝缘应控制在120～125℃；B级绝缘应达到125～130℃，在该温度下保温4～6h，然后将预烘后的绕组冷却到60～80℃开始浸漆。

（二）浸漆

1. 浸漆温度　如果工件温度过高，漆中溶剂迅速挥发，使绕组表面过早形成漆膜，而不易浸透到绕组内部，也造成材料浪费；若温度过低，就失去预烘作用，使漆的黏度增大，流动性和渗透性较差，也使浸漆效果不好。实践证明，工件温度在60～80℃时浸漆为宜。

2. 漆的黏度　漆的黏度选择应适当，第一次浸漆时，希望漆渗透到绕组内部，因此要求漆的流动性好一些，故漆的黏度应较低，一般可取22～26s（20℃、4号黏度计）。第二次浸漆时，主要希望在绕组表面形成一层较好的漆膜，因此漆的黏度应该大一些，一般取30～38s为宜。由于漆的温度对其黏度影响很大，所以一般规定以20℃为基准，故测量黏度时应根据漆的温度做适当调整。

3. 浸漆时间　浸漆时间的选择原则是：第一次浸漆，希望漆能尽量渗透到绕组内部，因此浸漆时间应长一些，为15～20min；第二次浸漆，主要是形成较好的表面漆膜，因此浸漆时间应短一些，以免时间过长反而将漆膜损坏，故以10～15min为宜。但一定要浸透，一直浸到不冒气泡为止，若不理想可适当延长浸漆时间。

4. 浸漆方法　浸漆的主要方法有：浇浸、沉浸、真空压力浸。

对单台修理的电动机浸漆，多采用浇浸。沉浸和真空压力浸通常用于制造电动机，对批量生产的电动机可考虑沉浸。高压电动机才采用真空压力浸。

常用的浇浸工艺方法为：

（1）取出预烘的电动机，待温度凉至60～80℃，竖直架于漆盘之上。

（2）将无溶剂漆灌入空饮料塑料瓶中，以便于把握浇浸漆量。

（3）手拿装有绝缘漆的塑料瓶，斜倾瓶口使绝缘漆流出瓶口呈线状，从绕组上端部浇入绝缘漆，使漆在线圈中渗透并由绕组下端部回流到漆盘。

（4）当停止滴漆20～30min后，把电动机定子翻过来，再将绝缘漆浇向绕组上端部（原下端部），直至渗透为止。

（5）再停止滴漆约30min后，用布蘸上煤油，将定子内膛及机座上的余漆清除，然后进行烘干。

（6）若需二次浸漆的，经烘干后取出凉至60～80℃再进行第二次浇浸，操作同上。

三、绕组的烘干

余漆滴干后，即可进行烘干，目的是将漆中的溶剂和水分挥发掉，使绕组表面形成坚固的漆膜。

（一）烘干过程

1. 低温阶段　低温烘干的目的是促使漆中溶剂挥发掉。温度控制在70～80℃，烘2～3h，这样使溶剂挥发比较缓慢，以免表面很快结成漆膜，导致内部气体无法排出、绕组表面形成许多气孔或烘不干。

2. 高温阶段　高温烘干的目的是迫使漆的氧化，在绕组表面形成坚固的漆膜。温度控制在130℃左右，烘6～18h，具体时间可根据电动机的大小及浸漆次数而定。在整个烘干过程中，要求每隔1h用兆欧表测量一次绕组对地的绝缘电阻，开始时绝缘电阻下降，以后逐渐上升，在3h内必须趋于稳定。绕组对地绝缘电阻一般要在5MΩ以上，绕组才能算烘干。

（二）烘干方法

1. 热风循环干燥法　电热风循环干燥箱又称为烘箱，其结构原理如图4－23所示。烘箱用铁皮制成，电热丝装在箱体底部和两面侧壁。发热件外面用铁皮罩住，一方面可使热量通过铁板传导，箱内温度更均匀；另一方面防止漆直接滴到发热件上，引起明火，烧毁电动机。在通电过程中，用酒精式温度计监测烘箱温度，注意不得超过规定允许值，不得采用水银式温度计对烘箱温度进行监测，以防温度计意外破损，水银滴入电动机定子绕组内，造成绕组短路。另外烘箱顶部留有排出潮气和溶剂蒸气的通气口。

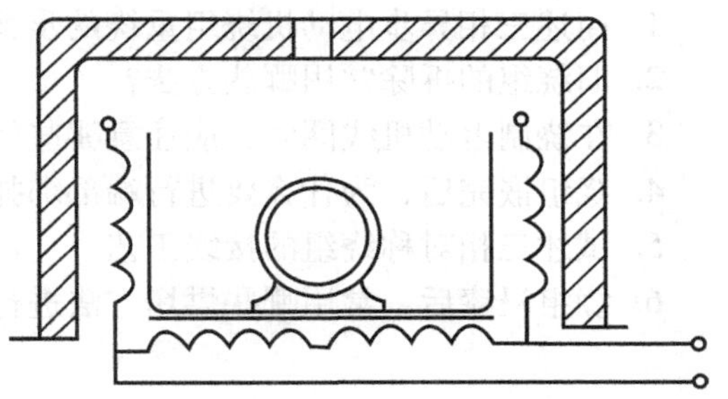

图4－23　烘箱的结构原理

2. 电流干燥法　将电动机定子绕组按一定的接线方式连接，再给线圈中通入电流，利用绕组本身的铜耗发热进行烘烤干燥。主要接线方式有串联加热式、星形加热式、三角形加热式等，如图4－24所示。不管哪种方式，每相绕组所分配到的烘烤电流应控制在额定电流的60%～80%，通电6～8h，绕组温度达70～80℃为宜。

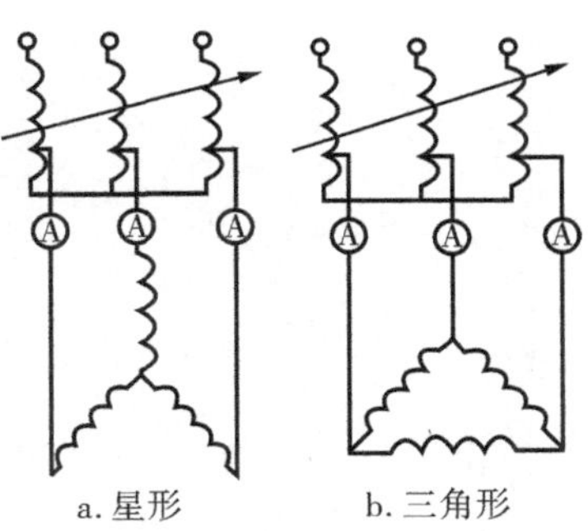

图4－24　星形和三角形加热

3. 灯泡干燥法　用红外线灯泡或一般灯泡使灯光直接照射到电动机定子绕组上，改变灯泡功率，即可改变温度。也可通过测量铁心温度控制绕组温度，并随时测量电动机的绝缘电阻，等达到要求后即可停止干燥。如图4－25所示。

4. 铁损干燥法　用绝缘导线穿绕在电动机定子铁心上，接上交流电源产生交变磁通，在定子铁心中形成涡流，使定子铁心发热，烘干电动机。

5. 生石灰干燥法　把电动机放在一个密封箱里，并在箱内撒上生石灰，利用生石灰极

强的吸潮能力，干燥电动机。这种方法安全、省力，但干燥时间长。

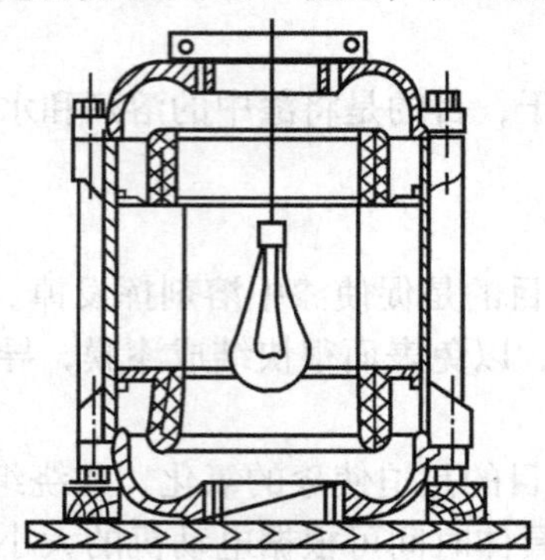

图 4－25　灯泡干燥法

习题

1. 简述三相异步电动机绕组重绕的步骤。
2. 旧绕组的拆除常用哪些方法？
3. 在绕制电动机线圈时，应注意哪些问题？
4. 绕组嵌完后，为什么要进行端部绑扎？怎样进行绑扎？
5. 试述三相对称绕组的接线工艺。
6. 绕组浸漆后，常用哪些烘烤方法进行干燥？

项目五　三相异步电动机故障的修理

知识目标：

1. 了解三相异步电动机故障产生的原因。
2. 了解三相异步电动机电气故障、机械故障的种类。
3. 掌握三相异步电动机的常见故障现象及检修方法。

技能目标：

1. 熟悉三相异步电动机故障判断技巧。
2. 熟练掌握三相异步电动机电气故障、机械故障的处理办法。

任务一　概述

三相异步电动机应用广泛，但在长期运行后，会发生各种故障。及时判断故障原因，进行相应处理，是防止故障扩大，保证设备正常运行的一项重要工作。本项目讲解三相异步电动机的常见故障、产生的原因及处理方法。

一、三相异步电动机故障产生的原因

三相异步电动机使用日久或使用不当，常会发生一些故障，虽然故障现象多种多样，但引起故障的原因主要有以下几点：

1. 内部原因　内部原因是指三相异步电动机内部定子绕组性能不良、转子断条、接线盒断线、轴承损坏等。这类原因也是引起故障的主要原因。

2. 外部原因　外部原因是指引起三相异步电动机故障的一些外部条件。例如，由于电网电压不正常会造成定子绕组烧坏，尘埃及油烟会造成绕组的绝缘下降、性能下降等。

3. 人为原因　人为原因包括运输过程中的剧烈振动和过分颠簸，以及用户乱拆、乱改等。这类原因对三相异步电动机造成的损害有时是“致命”的。例如，不理解三相异步电动机的绕组连接原理，对三相异步电动机随意进行接线，重绕时不按规定对绕组进行烘干、浸漆处理等。

二、三相异步电动机故障的分类

正常情况下，三相异步电动机的使用寿命在15年以上。但由于使用不当或使用日久，会发生各种故障。对于三相异步电动机，主要故障可分为两大类：电气方面和机械方面的故障。经统计，生产上使用的三相异步电动机，在运行中绕组烧坏的电气故障约占85%，机械及其他故障约占15%。

三、三相异步电动机故障判断技巧

三相异步电动机故障现象多变，原因复杂，维修人员除需要扎实的基本功外，还需要一定的技巧。这些技巧可总结为5个字：看、听、闻、摸、测，即通过眼睛看、耳朵听、鼻子闻、用手摸、仪表测来判断故障，及时预防和排除故障，保证三相异步电动机的安全运行。

（一）看

所谓看，就是观察三相异步电动机运行过程中有无异常。三相异步电动机运行异常主要表现为以下几种情况：

（1）定子绕组短路时，可能会看到电动机冒烟。

（2）三相异步电动机严重过载或缺相运行时，转速会变慢且有较沉重的“嗡嗡”声。

（3）三相异步电动机正常运行，但突然停止时，会看到接线松脱处冒火花；保险丝熔断或运动部件被卡住等现象。

（4）若观察到三相异步电动机剧烈振动，则可能是传动装置被卡住或三相异步电动机固定不良、地脚螺栓松动等。

（5）若观察到三相异步电动机内接触点和连接处有变色、烧痕和烟迹等，则说明可能有局部过热、导体连接处接触不良或绕组被烧毁等。

（二）听

平时应注意三相异步电动机发出的声音哪些是正常的，哪些是非正常的。正常运行时应为均匀且较轻的“嗡嗡”声，无杂音和特殊的声音。若发出的噪声太大，包括电磁噪声、轴承杂音、通风噪声、机械摩擦声等，均可能是故障先兆或故障现象。

（1）对于电磁噪声，如果三相异步电动机发出忽高忽低且沉重的声音，则原因可能有以下几种：

1）定子与转子间气隙不均匀：此时声音忽高忽低且高低音间隔时间不变，这可能是因轴承磨损使定子与转子不同心造成的。

2）三相电流不平衡：这可能是三相电压不平衡，或是绕组有接地、短路或接触不良等原因造成的。若声音很沉闷，则说明三相异步电动机严重过载或缺相运行。

3）铁心松动：三相异步电动机在运行中因振动而使固定铁心螺栓松动，进而造成铁心硅钢片松动，发出噪声。

（2）对于轴承杂音，应在三相异步电动机运行过程中经常监听。监听方法是：将螺丝刀一端顶住轴承安装部位，另一端贴近耳朵，便可听到轴承运转声。若轴承运转正常，其声音为连续而细小的“沙沙”声，不会有忽高忽低的变化及金属摩擦声。如图5－1所示。

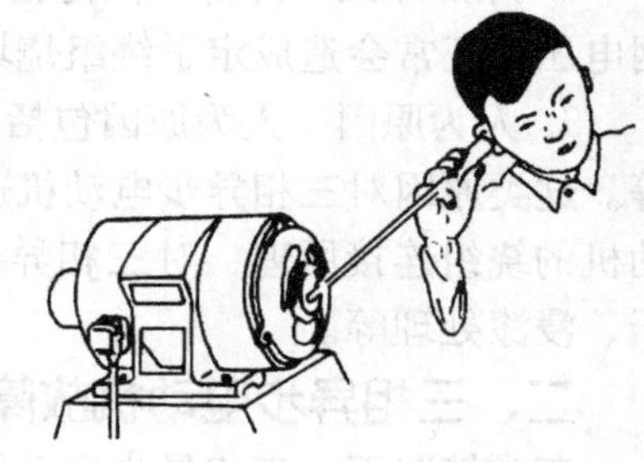

图5－1　听轴承杂音判断故障

若出现下面几种声音则为不正常现象：

1）轴承运转时有“吱吱”声，这是金属摩擦声，一般是轴承缺油出现干摩擦所致，应拆开轴承加润滑脂。

2）若出现“叽里叽里”声，这是滚珠转动时发出的声音，一般为润滑脂干涸或缺油

引起，可加注适量油脂。

3）若出现“咔咔”声或“嘎吱嘎吱”声，则为轴承内滚珠不规则运动而产生的声音，这是轴承内滚珠损坏或三相异步电动机长期不用，润滑脂干涸，起不到良好的润滑作用而引起的。

（3）若传动机构和被传动机构发出连续而非忽高忽低的声音，可分以下几种情况处理：

1）周期性“啪啪”声，是皮带接头不平滑而引起的。

2）周期性“咚咚”声，是联轴器或皮带轮与轴间松动及键或键槽磨损所引起的。

3）不均匀的碰撞声，是风叶碰撞风扇罩引起的。

（三）闻

通过闻三相异步电动机的气味也能判断及预防故障。如有特殊的绝缘漆气味，说明电动机因超负荷时间过久，使绕组发生绝缘损坏，造成内部温度过高；如有很重的煳味或焦臭味，则可能是绝缘被击穿或绕组已烧毁。

（四）摸

摸三相异步电动机的温度也能判断及预防故障。为确保安全，摸时应反手摸，即用手背去碰触三相异步电动机外壳、轴承周围部分，如温度过高，原因可能有以下几种：

（1）通风不良，如风扇脱落、通风道堵塞。

（2）过载使电流大，引起定子绕组过热。

（3）定子绕组匝间短路或三相电流不平衡。

（4）频繁启动或制动。

（5）若轴承周围温度过高，则可能是轴承损坏或缺油引起的。

（五）测

所谓测，就是用兆欧表测量三相异步电动机的绝缘电阻，用万用表测量三相异步电动机的接线情况及电压。通过测量，可以判断出三相异步电动机是否存在绕组短路、断路、绝缘电阻下降等故障。

只要细心，通过看、听、闻、摸、测，就可详细检查故障及发现故障隐患。一旦发现异常情况，立即切断电源，找出原因，消除故障，确保三相异步电动机正常运转和安全生产。

任务二　三相异步电动机电气故障的修理

对于三相异步电动机，电气故障主要是指定子绕组、定子铁心和转子断条等故障，这些故障一般会造成电动机不启动或运转不正常。

一、定子绕组故障的修理

定子绕组是电动机的重要组成部分，老化、受潮、受热、受侵蚀、异物侵入、外力的冲击等都会对其造成伤害，电动机过载、欠电压、过电压、缺相运行等都能使它产生故障。故障一般有接地、短路、绝缘电阻偏低、断路、接线错误等几种情况，下面分别进行介绍。

（一）定子绕组接地

定子绕组接地，是指定子绕组与机壳直接接通。绕组接地后，会引起电流增大，绕组发热烧坏绝缘，严重时会造成相间短路，使三相异步电动机不能正常工作，还常伴有振动和响声。

造成绕组接地的主要原因有以下几点：一是绕组受潮、发热、振动，使绕组绝缘电阻变坏，在绕组通电时被击穿。二是三相异步电动机因长期过载运行或转子与定子铁心相擦（扫膛），产生高热使绝缘老化。三是在嵌线时，槽内绝缘被铁心毛刺刺破，或在嵌线整形时槽口绝缘被压裂，使绕组碰触铁心。四是引出线绝缘损坏或绕组端部过长与机壳相碰。五是绕组绝缘过电压（如雷击）击穿损坏。

1. 判断绕组是否接地的方法

（1）观察法：绕组接地故障易发生在绕组端部和槽口处。观察绕组的端部和槽口处，看是否有破裂和焦黑的痕迹，如有焦黑处，说明故障点就发生在此部位。

（2）万用表检查法：用万用表低阻挡 $R\times10\ \mathrm{k\Omega}$ 挡检查，若读数很小，则为接地。

（3）兆欧表法：根据不同的等级选用不同的兆欧表测量每组绕组的绝缘电阻，如图 5－2 所示。若读数为零，则表示该项绕组接地。但对三相异步电动机绝缘受潮或因事故而被击穿的情况，需依据经验判定，一般说来指针在“0”处摇摆不定时，可认为其具有一定的电阻值。

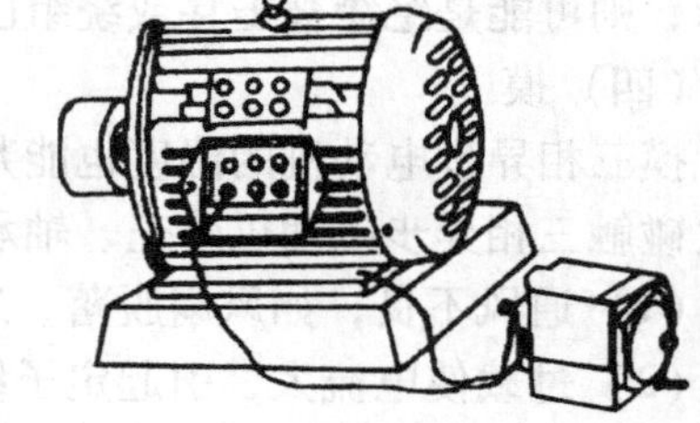

图 5－2　兆欧表法判断绕组接地故障

（4）试灯法：如果试灯亮，说明绕组接地；若发现某处伴有火花或冒烟，则该处为绕组接地故障点。若灯微亮，则绝缘有接地被击穿；若灯不亮，但测试棒接地时也出现火花，说明绕组尚未被击穿，只是严重受潮。也可用硬木在外壳的止口边缘轻敲，敲到某一处一灭一亮时，说明电流时通时断，则该处就是接地点。

（5）电流穿烧法：用一台调压变压器，接上电源后，接地点很快发热，绝缘物冒烟处即接地点。应特别注意小型三相异步电动机不得超过额定电流的两倍，时间不超过 30s；大三相异步电动机为额定电流的 20%～50%，或逐步增大电流，到接地点刚冒烟时立即断电。

（6）分组淘汰法：对接地点在铁心里面且烧灼比较厉害的情况，烧损的铜线与铁心熔在一起。采用的方法是把接地的一相绕组分成两半，依次类推，最后找出接地点。

2. 处理方法

（1）绕组受潮引起接地的应先进行烘干，当冷却到 60～70℃时，浇上绝缘漆后再烘干。

（2）绕组端部绝缘损坏时，在接地处重新进行绝缘处理、涂漆，再烘干。

（3）绕组接地点在槽内时，应重绕绕组或更换部分绕组元件，然后应用不同的兆欧表进行测量，满足技术要求即可。

（二）定子绕组短路

定子绕组短路是由于三相异步电动机电流过大、电源电压变动过大、单相运行、机械碰伤、制造不良等造成绝缘损坏所致，分为绕组匝间短路、绕组层间短路、绕组极间短路和绕组相间短路几种。图 5－3 为绕组相间短路和匝间短路示意。离子的磁场分布不均，

三相电流不平衡使三相异步电动机运行时振动和噪声加剧，严重时三相异步电动机不能启动，而在短路线圈中产生很大的短路电流，导致线圈迅速发热而烧毁。

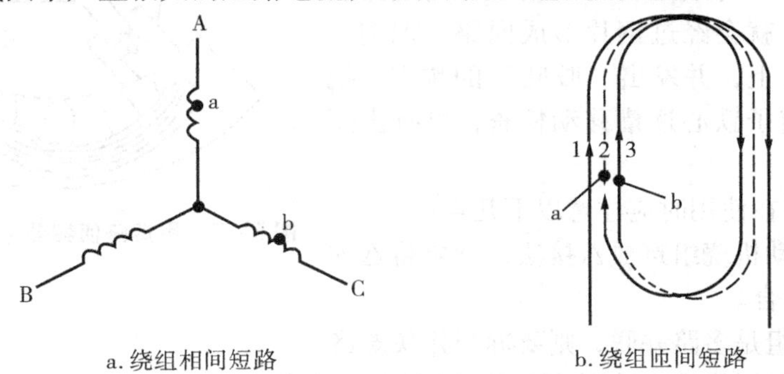

a. 绕组相间短路　　b. 绕组匝间短路

图 5－3　绕组相间短路和匝间短路

产生绕组短路的原因主要有以下几点：一是绕组严重受潮，未经烘干处理就接入电源，造成电源电压击穿绝缘。二是三相异步电动机长期过载运行，绝缘老化、脱落失去绝缘作用。三是维修中碰伤绝缘或绕组端部，层间、相间绝缘没有垫好。

1. 判断绕组是否短路的方法

（1）外部观察法：观察接线盒、绕组端部有无烧焦。绕组过热后会留下深褐色痕迹，并有臭味。

（2）探温检查法：空载运行 20min（发现异常时应马上停止），用手背摸绕组各部分，看温度是否超过正常温度。

（3）通电实验法：用电流表测量，若某相电流过大，说明该相有短路处。

（4）电桥检查：测量各绕组的直流电阻，一般相差不应超过 5% 以上。如超过，则电阻小的一相有短路故障。

（5）短路侦察器法：短路侦察器是检查三相异步电动机绕组故障的一种专用工具，它是利用变压器原理进行工作的。短路侦察器往往需要自制。它的结构相当于一个开口变压器，铁心用 0.35mm 或 0.5mm 厚的硅钢片冲出 H 形，也可以用小型变压器铁心或废旧日光灯镇流器的铁心改制而成，两边用 1.5～2mm 厚的钢板压紧固定，铁心上绕有线圈。H 形短路侦察器的结构如图 5－4 所示。

图 5－4　H 形短路侦察器

短路侦察器的上部和下部都做成圆弧形，这些圆弧与被测三相异步电动机的定子内圆和转子外圆基本吻合。

用短路侦察器检测绕组匝间短路的方法如下：检查时定子绕组不接电源，把侦察器的开口部分放在被检查的定子铁心槽口上。如图 5－5 所示。

短路侦察器线圈的两端接到单相交流电源上（最好用低压电源）。这样，短路侦察器的线圈与图 5－5 上三相异步电动机槽中的线圈组成变压器的原、副绕组。当线圈不存在匝间短路时，相当于一个空载变压器，电流表的读数较小。如果线圈中有匝间短路，就相

当于一个短路变压器，电流表的读数就会增大，被测线圈的另一条有效边所处的槽上，由短路线圈产生了磁通，就会经过钢片形成回路，把钢片吸附在定子铁心上，并发出“吱吱”的响声。把短路侦察器沿定子铁心逐槽移动检查，可查出短路线圈。

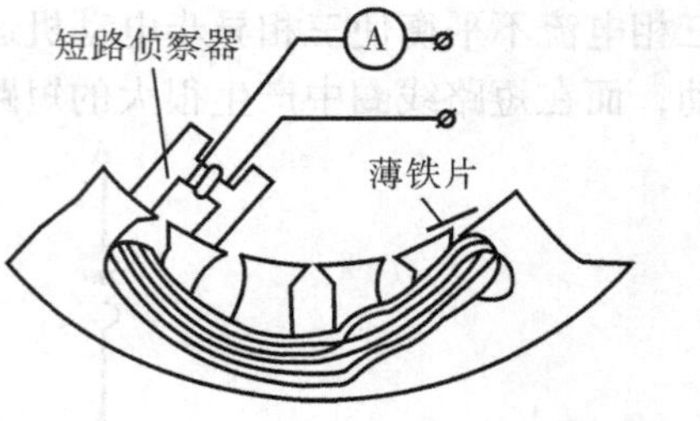

图5-5　用短路侦察器寻找绕组短路故障

短路侦察器在使用时应注意以下几点：

1）如果电动机绕组接成△接法，则要将△连接拆开，不能闭合。

2）如果绕组是多路并联，则要拆开并联支路。

3）如果是双层绕组，被测槽中有两个线圈，它们分别隔一个线圈节距跨于左右两边，若电流表上读数增大，要把薄钢片在左右两边对应的槽上都试一下，以确定槽中两个线圈存在匝间短路。

短路侦察器在日常的电动机故障检测中发挥了很大的作用，降低了维修时间和维修成本。

（6）万用表或兆欧表法：测任意两相绕组相间的绝缘电阻，若读数极小或为零，说明该两相绕组相间有短路。

（7）电压降法：把三绕组串联后通入低压安全交流电，测得读数小的一组有短路故障。

（8）电流法：电动机空载运行，先测量三相绕组电流，再任意调换其中的两相测量并进行对比，若绕组电流值不随电源相序调换而改变，则电流值较大的一相绕组有短路。

2. 处理方法

（1）短路点在端部：可用绝缘材料将短路点隔开，也可重包绝缘线，再上漆重新烘干。

（2）短路在线槽内：将其软化后，找出短路点修复，重新放入线槽后，再上漆烘干。

（3）短路线圈匝数少于总匝数的1/12的每相绕组，串联时可以切断全部短路线，将导通部分连接，形成闭合回路，供应急使用。

（4）短路线圈匝数超过总匝数的1/12时，要全部拆除重绕。

（三）定子绕组断路

绕组断路是指电动机的定子或转子绕组被碰断或烧断造成的故障。定子绕组端部、各线圈的接头处及引出线附近等部位都露在电动机机座内，容易被碰断；由于焊接不良或使用腐蚀性焊剂，焊接后又未清除干净，就可能造成虚焊或松脱；当线圈短路或发生与接地故障时也可使导线烧毁；在并烧的几根导线中有一根或几根导线短路时，另几根导线由于电流的增加而温度上升，会引起绕组发热而断路。绕组断路一般分为绕组导线断路、一相断路、并绕导线中有一根或几根断路、并联支路断路、转子断条等。

绕组发生断路时，可根据电动机转动情况判断。一般表现为电动机不能启动或转速变慢，转动无力，三相电流不平衡，有异常的“嗡嗡”声或振动大，温升超过允许值或冒烟等现象。

产生绕组断路的原因主要有以下几点：一是在检修和维护保养时碰断或制造质量问

题。二是绕组各元件、极（相）组和绕组与引接线等接线头焊接不良，长期运行过热脱焊。三是受机械力和电磁场力而使绕组损伤或拉断。四是匝间或相间短路及接地造成绕组严重烧焦或熔断。

1. 判断绕组是否断路的方法

（1）观察法：断点大多数发生在绕组端部，可以看此处有无碰折，接头处有无脱焊。

（2）万用表法：如图 5－6 所示。利用电阻挡，对 Y 接法，将一根表笔接在 Y 连接的中心点上，另一根依次接在三相绕组的首端，则无穷大的一相为断点；△接法在连接后，分别测每组绕组，无穷大的一相为断路点。

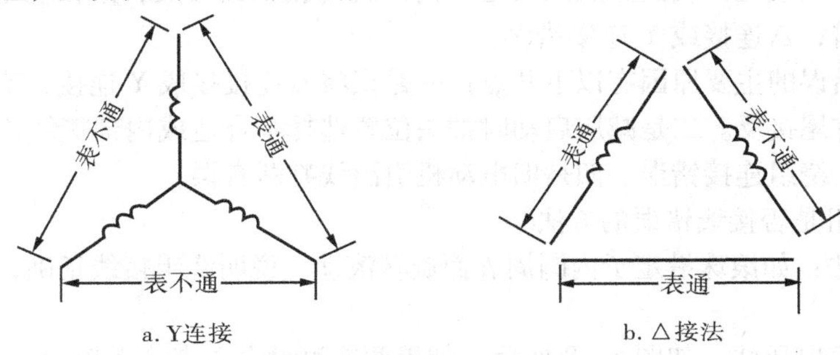

图 5－6　用万用表检查绕组断路

（3）试灯法：方法同前，不亮的一相为断路。

（4）兆欧表法：阻值趋向无穷大（不为零值）的一相为断路点。

（5）电流平衡法：电动机在运行时，用电流表测三相电流，若三相电流不平衡又无短路现象，则电流较小的一相绕组有部分断路故障。如图 5－7 所示。对于 Y 接法的，可将三相绕组并联后，通入低电压大电流的交流电，如果三相绕组中的电流相差大于 10% 时，则电流小的一端为断路；对于△接法的，先将定子绕组的一个接点拆开，再逐相通入低压大电流，其中电流小的一相为断路。

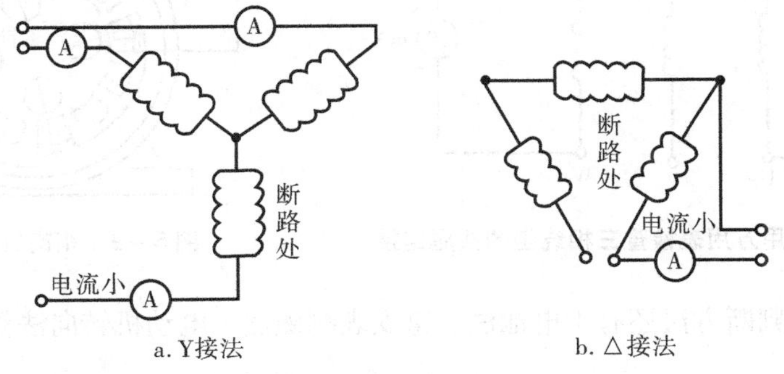

图 5－7　用电流法检测绕组断路

（6）电桥法：当电动机某一相电阻比其他两相电阻大时，说明该相绕组有部分断路故障。

（7）断路侦察器检查法：检查时，如果转子断路，则毫伏表的读数应减小。

2. 处理方法

（1）断路在端部时，连接好后焊牢，包上绝缘材料，套上绝缘管，绑扎好，再烘干。

（2）由于匝间、相间短路和接地等原因造成绕组严重烧焦的，一般应更换为新绕组。

（3）对断路点在槽内的，属少量断点的做应急处理，采用分组淘汰法找出断点，并在绕组端部将其连接好并确认绝缘合格后方可使用。

（4）对笼型转子断路的可采用焊接法、冷接法或换条法修复。

（四）定子绕组接线错误

定子绕组接线错误将造成不完整的旋转磁场，致使产生启动困难、三相电流不平衡、振动剧烈、噪声大等现象，严重时若不及时处理会烧坏绕组。接线错误主要有下列几种情况：某极相中一只或几只线圈嵌反或头尾接错；极（相）组接反；某相绕组接反；多路并联绕组支路接错；△连接或 Y 连接错误。

造成接线错误的主要原因有以下几点：一是误将△连接接成 Y 连接，或维修保养时三相绕组有一相首尾接反。二是减压启动时抽头位置选择不合适或内部接线错误。三是新电动机在嵌线时，绕组连接错误。四是旧电动机引出线判断有误。

1. 判断绕组是否接线错误的方法

（1）滚珠法：如滚珠沿定子内圆周表面旋转滚动，说明绕组接线正确，否则绕组有接错现象。

（2）万用表电压法：如图 5－8 所示，如果两次测量电压表均无指示，或一次有读数、一次没有读数，说明绕组有接反处。

（3）指南针法：如图 5－9 所示。如果绕组没有接错，则在一相绕组中，指南针经过相邻的极（相）组时，所指的极性应相反，在三相绕组中相邻的不同相的极（相）组也相反。如极性方向不变时，说明有一极（相）组反接；若指向不定，则相组内有反接的线圈。

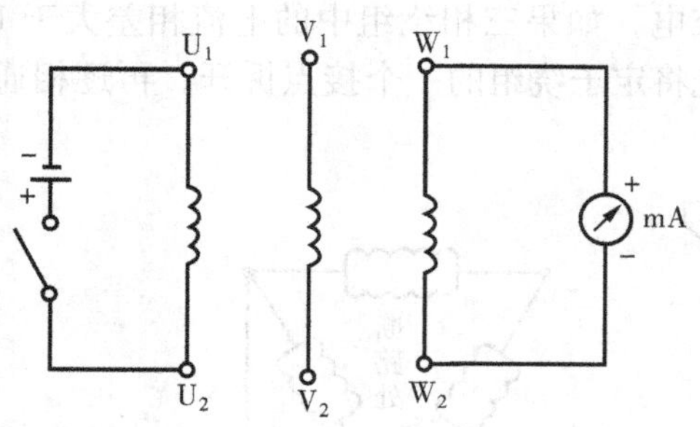

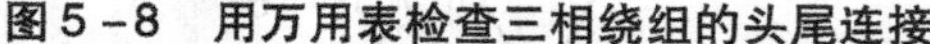
图 5－8　用万用表检查三相绕组的头尾连接

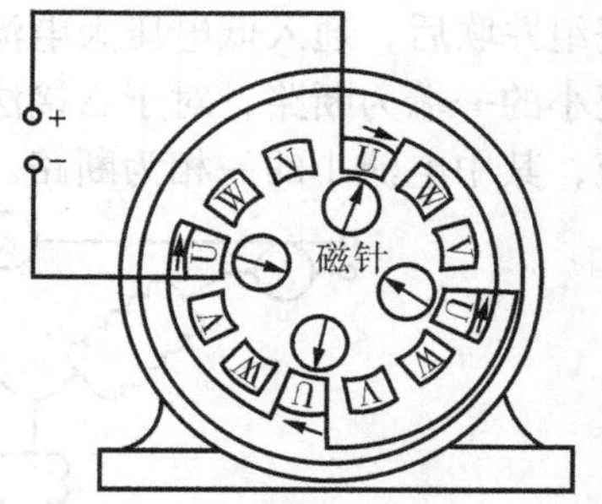

图 5－9　指南针检查法

（4）常见的判断方法还有干电池法、毫安表剩磁法、电动机转向法等。

2. 处理方法

（1）一个线圈或线圈组接反，则空载电流有较大的不平衡，应送厂返修。

（2）引出线错误的应正确判断首尾后重新连接。

（3）减压启动接错的应对照接线图或原理图，认真校对后重新接线。

（4）新电动机下线或重接新绕组后接线错误的，应送厂返修。

（5）定子绕组一相接反时，接反的一相电流特别大，可根据这个特点查找故障并进行维修。

（6）把 Y 连接接成△连接或匝数不够，则空载电流大，应及时更正。

3. 电动机六根引出线相同端头的测量方法　可用干电池和万用表判别、测量电动机六根引出线相同端头。

（1）先判别三相绕组的各自两个首尾端。将万用表调到电阻挡进行测量，凡是同一相的几个线圈相连接后，首尾两端相通，测量阻值较小；凡不是同一相的线圈相连接后，首尾两端就不相通，测量阻值为无穷大，因此根据万用表可分清两个线端是否属于同一相绕组引出线。

（2）判别其中两侧线圈引出线的同名端。将指针式万用表调到量程最小的直流电流挡，再将任意一相绕组的两个线端接到表上，然后将另一相绕组的两个线端一同分别瞬时碰触一下干电池的正极和负极，在干电池与线圈接通的一瞬间如果表针摆向大于零的一边（也就是顺时针摆动），则电池正极和万用表黑色表笔为同名端，反之则不是同名端。

（五）定子绕组缺相运行

电动机在运行过程中，断一根火线或断一相绕组就会形成缺相运行（俗称单相），如果轴上负载没有改变，则电动机处于严重过载状态，定子电流将达到额定值的两倍甚至更高，时间稍长电动机就会被烧毁。在各行业中，因缺相运行而烧毁的电动机所占比例最大。

缺相时，电动机不能启动，即使空载能启动，转速慢慢上升，有“嗡嗡”声；电动机冒烟发热，并伴有烧焦味。拆下电动机端盖，可看到绕组端部有 1/3 或 2/3 的极相绕组或焦或变成深棕色。

1. 缺相运行的主要原因　造成缺相运行的主要原因有以下几点：一是电动机供电回路熔丝接触不良或受机械损伤，致使某相熔丝熔断。二是电动机供电回路三相熔丝规格不同，致使容量小的熔丝烧断。三是电动机供电回路中的开关（隔离开关、胶盖开关等）及接触器的触头接触不良（烧伤或松脱）。四是线路某相缺相。五是电动机绕组连线间虚焊，导致接触不良。六是由于电动机长期使用使绕组的内部接头或引线松脱，或局部过热把绕组烧断，使电动机出现缺相运行。

2. 处理方法

（1）更换成新的熔丝。

（2）应根据电动机功率大小，更换为规格相同的熔丝。

（3）修复并调整动、静触头，使之接触良好。

（4）查出断线处，并连接牢固。

（5）认真检查电动机绕组连接线并焊牢。

只要能及时发现缺相，对电动机就不会造成大的危害。为了预防电动机出现缺相运行，除了正确选用和安装低压电器外，还应严格执行有关规范，敷设馈电线路，同时加强定期检查和维护。

（六）过载运行

电动机过载运行，是指电动机运行时电流值过大，远远超过额定电流值。电动机过载时，电动机电流超过额定值，电动机温升超过额定温升，电动机三组绕组全部烧毁，甚至会引起电动机定子、转子铁心相摩擦，俗称扫膛。

1. 过载运行的主要原因　造成过载运行的主要原因有以下几点：

（1）负载过重。

（2）电源电压过高或过低。

（3）电动机长期严重受潮或有腐蚀性气体侵蚀，绝缘电阻下降。

（4）轴承缺油、干磨或转子机械不同心，导致电动机转子扫膛，使电动机电流超过额定值。

（5）机构传动部分发生故障，致使电动机过载而烧坏电动机绕组。

2. 处理方法

（1）适当减载或更换为容量合适的电动机。

（2）加装三相电源稳压补偿柜。

（3）应根据具体情况，进行大修或更换为同容量、同规格的封闭电动机。

（4）认真检查轴承磨损情况，若轴承不合格需更换为新轴承；清洗轴承并注入适量润滑脂；检查电动机端盖，若端盖中心孔因磨损致使转子不同心，应对端盖进行处理或更换。

（5）检查机械部分存在的故障，采取措施及时解决，使之转动灵活。

二、铁心故障的修理

定子、转子都是由相互绝缘的硅钢片叠制而成的，是电动机的磁路部分。定子、转子铁心损坏和变形的原因及相应的处理方法如下。

（1）轴承过度磨损或装配不良，造成定子、转子相擦，使铁心表面损伤，进而造成硅钢片间短路，电动机铁损增加，使电动机温升过高。这时应用细锉等工具去除毛刺，消除硅钢片短路故障，清除干净毛刺后涂上绝缘漆，并加热烘干。

（2）拆除旧绕组时用力过大，使槽歪斜向外张开。此时应用小嘴钳、木锤等工具予以修整，使槽复位，并在不好复位的有缝隙的硅钢片间加入青壳纸、胶木板等硬质绝缘材料。

（3）因受潮等原因造成铁心表面锈蚀时，需用砂纸将其打磨干净，清理后涂上绝缘漆。

（4）因绕组接地产生高热烧毁铁心或齿部。可用凿子或刮刀等工具将熔积物剔除干净，涂上绝缘漆烘干。

（5）铁心与机座间结合松动。可拧紧原有定位螺钉。若定位螺钉失效，可在机座上重钻定位孔并攻丝，旋紧定位螺钉。

三、转子断条的修理

转子是电动机的重要部件。当发生转子断条故障时，电动机不是完全转不动，而是可以运行，但是转速变慢，这多是由于机械功率不够或存在机械振动所致。恰恰机械功率和机械振动不能用仪表测量，只能根据实际经验和理论知识去判断故障部件。

笼型转子断条是常见的一种故障。有时是一根或几根导条断裂（或有严重气泡），有时是端环中的一处或几处断裂。轻度断裂时（指一根或两根导条断裂），故障现象不明显。断条比较严重时，故障现象表现为：启动转矩低，带不动负载；满载运行时达不到额定转速；转子发热，导致电动机温度增高，但定子电流并无明显增加。

检测的方法有以下几种：

（1）观察法：将电动机转子抽出，仔细观察转子铁心表面，特别是转子的端环与导条交接处，若发现有青蓝色的过热变色现象，说明该处就是断条的地方。

（2）铁粉检查法：转子断条可用撒铁粉的方法进行检查，如图 5－10 所示。

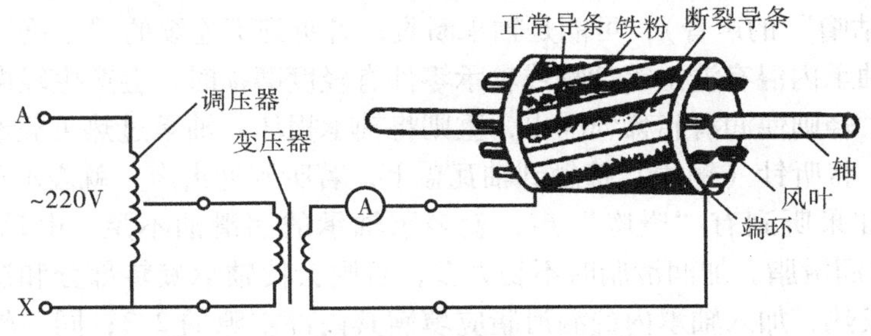

图 5－10　用铁粉检查法检查转子断条情况

将 A、X 两端接上插头并插入交流 220V 的电源，合上，用手慢慢地旋转调压器的手柄，使调压器的输出电压从零开始升高，电流逐渐增大，在转子表面产生磁场。将铁粉撒在转子上，铁粉将一行一行整齐地排列在转子的导条方向上，电流的大小可升到铁粉能排列清楚为止。若有断条，铁粉在该处就撒不上去，则可找到断条部位。

（3）短路侦察器法：将已接通 220V 交流电源和串联有电流表的短路侦察器放在铁心槽口，如图 5－11 所示，并沿转子铁心外圆逐槽移动，若发现电流表读数突然变小，说明被测槽内有断条故障。也可用铁片代替电流表，若能吸住并发出“吱吱”声，说明导条未断，否则，导条断裂。

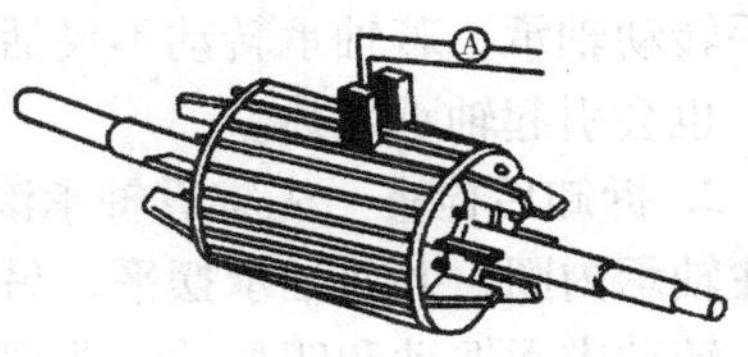

图 5－11　短路侦察器法

（4）替换法：若条件允许，也可将同型号、规格的转子换上，试运行一下，若电动机负载能力、转速、声音等方面都正常，则说明被换下的转子有断条故障。

若断裂处在端环或槽外其他明显部位时，可将断裂纹凿成 V 形槽，用气焊焊平即可。对铜质转子导条来说，若只有个别条断裂，可在断条两端环上开一个缺口，将断条敲掉，然后换上一根与原铜条横截面积相同的新铜条。铜条两端要伸出端环约 20mm，把伸出部分敲弯并贴在端环上，用气焊焊牢，在车床上车平，再校正平衡即可。若断条很多时，需要更换全部铜条。对铝质转子导条来说，若只有个别条断裂，可把断条挖掉，将与原导条横截面积一样的铜条打入槽内焊牢即可。若断条严重时，可将转子放于 10% 的工业烧碱溶液浸泡，使铝条被腐蚀下来，转子铁心从溶液中取出后，需用清水冲洗。若有条件可重新铸铝，也可换成铜条笼型转子。

任务三　三相异步电动机机械故障的修理

电动机机械方面的故障，主要包括轴承、轴、端盖和机座等方面的故障。

一、轴承故障修理

在小型电动机中，一般前后轴承均采用滚珠轴承；在中型电动机中，一般传动端采用滚柱轴承，另一端采用滚珠轴承；在大型电动机中，一般采用滑动轴承。

电动机经过一段时间的使用后，会因润滑脂变质、渗漏等造成轴承磨损间隙增大。此

时轴承温度过高，运转噪声增大，严重时还可能使定子与转子相擦。

（一）故障检查

1. 运行中检查　滚珠轴承缺油、少油时，可根据经验判断声音是否正常。如果声音不正常（“咕噜咕噜”的声音），可能是轴承断裂；若听到不连续的“咯咯”声，可能是轴承钢圈破裂。轴承内混有沙土等杂物或轴承零件有轻度磨损时，会产生轻微的杂音。

轴承发热，轻则使润滑脂稀释漏出，重则将轴承损坏。轴承过热可凭经验靠听觉及温度测量来判断。将听针（铜棒）接触到轴瓦盖上，若听到冲击声，就表示可能有一只或几只滚珠轧碎；如果听到有“咝咝”声，就表示轴承的润滑油不足。电动机运行 3000 ~ 5000h 需换一次润滑脂。加润滑脂时不易太多，否则会使轴承旋转部分和润滑脂之间产生很大的摩擦而发热，加入轴承内的润滑脂应填满其内部空隙的 2/3；同一轴承内不得填入不同品种的润滑脂。例如在机组试运中，工作人员发现传输泵电动机有冲击声，打开后发现，前端轴承轴套松动，有几只滚珠损坏，导致电动机扫膛；真空泵电动机在试运过程中有“嗒嗒”的冲击声，将电动机解体后，发现轴承滚珠有细微的麻坑，故更换轴承。轴承安装时如果不正确，配合公差太紧或太松，也都会引起轴承发热；在卧式电动机中装配良好的轴承只受径向应力，如果配合过盈过大，装配后会使轴承间隙过小，有时接近于零。用手转动轴承，若轴承转动不灵活，则运行中就会发热；皮带过紧、过松或联轴器装配不良，也会引起轴承发热。

2. 拆卸后检查　先察看轴承滚动体、内外钢圈是否有破损、锈蚀、疤痕等，然后用手捏住轴承内圈，并使轴承摆平，另一只手用力推外钢圈，如果轴承良好，外钢圈应转动平稳，转动中无振动和明显的卡滞现象，停转后外钢圈没有倒退现象，否则表明轴承已经报废了，需要及时的更换。左手卡住外圈，右手捏住内钢圈，用力向各个方向推动轴承，如果很轻松就能转动，说明轴承磨损严重。

（二）故障修理

轴承外表面上的锈斑可用 00 号砂纸擦除，然后放入汽油中清洗；轴承有裂纹、内外圈碎裂或轴承过度磨损时，应更换为新的轴承。更换新轴承时，要选用与原来型号相同的轴承。

二、转轴故障修理

电动机轴常见的损坏有：轴弯曲、轴颈磨损、轴裂纹、局部断裂、转子松动等。造成电动机轴损坏的原因，除轴本身材质不好及强度不够外，轴与轴承、联轴节配合过松或有相对运动，频繁的正反转冲击，拆装时过大的机械碰撞，安装轴线不正等，也可引起轴的损坏。

（一）电动机轴弯曲

电动机运行中如果发现电动机振动较大，则说明轴可能弯曲。轴弯曲变形是因安装不正确、长期超负荷运转或受外力碰撞而引起的，弯曲的表现是：定子与转子相擦，产生摩擦声和机械噪声。

1. 检修办法　对轴弯曲进行检查时，可将轴装在车床上用千分表或划线盘检查，如图 5 - 12a 所示。用两顶针顶住转子轴两端中心孔。将千分表测头放到转子的外圆上，调节滑块使测头有一定的压力，并使指针在零刻度处。然后慢慢转动转子轴，观察千分表指针的

变化值，同时可以确定转子轴的弯曲方向。还可以将电动机转子轴取出平放在平台上，用两块高度相等的V形铁将轴两端架起来，如图5－12b所示，再用千分表或划线盘检查。

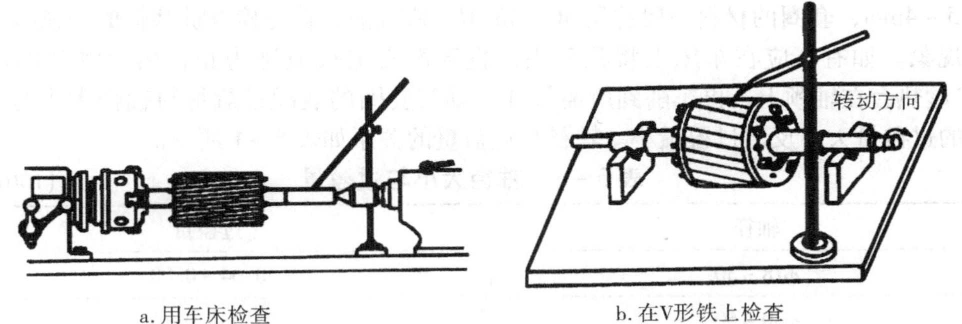

a. 用车床检查　　b. 在V形铁上检查

图5－12　检查转子轴的弯曲

2. 矫正办法　轴弯曲严重时会发生定子与转子互相摩擦的现象，造成电动机升温过高，引发电动机被烧坏。所以发现轴弯曲后，应及时将转子取出并根据具体情况加以矫正。

（1）若轴弯曲不大，可通过磨光轴颈、滑环的方法进行修复；若弯曲量超过0.2mm，则必须矫正。矫正轴的弯曲处最好用压力机或车床。矫正时把转子轴放在车床上，利用三爪自定心卡盘和尾座顶尖将两端夹紧，另用一铁棒或一节长铁管压在弯曲处，棒的一端利用车床当支点，运用杠杆原理慢慢的施加压力，每施加一次，检查一次，一点一点地将弯曲处矫正过来。用压力机或敲打法矫正，则是将弯曲变形位置朝上，轴两端用等高的硬木垫起，如图5－13所示。用硬木顶住变形位置，逐点用压力机加压或用手锤敲击，边矫正边检查，由轻到重，反复进行，直至调到径向跳动量在0.05mm以内为止。矫正后的轴表面用车床切削磨光，如弯曲过大则需另换新轴。

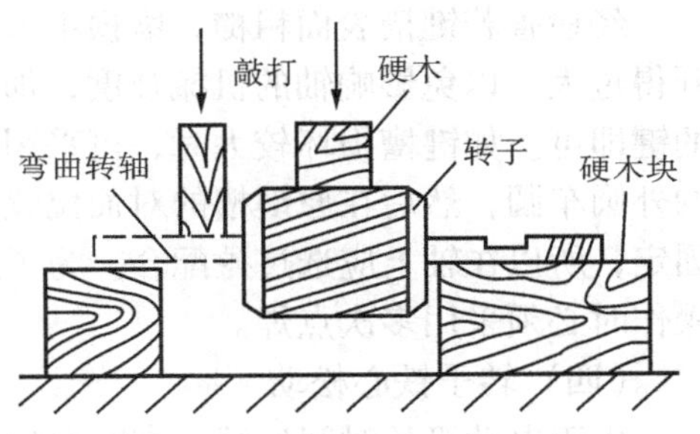

图5－13　用压力机或敲打法矫正

（2）一般的电动机轴伸长长度不大，所以当轴头弯曲后，不易在压力机上矫正。这时可以在轴头表面进行堆焊来修复。堆焊时，对轴的弯曲段进行局部预热，堆焊高度要视轴头弯曲程度而定。弯曲严重时需要多焊，焊后对堆焊部位进行保温，使其缓慢冷却，然后车削加工到要求尺寸。车削时要以外圆为基准找正，使转子外圆与轴承同轴度在0.02mm以内，再车至原尺寸。最后铣键槽，要将键槽放在原键槽的对面位置，这样易于加工和保护堆焊面的强度。

（二）轴颈磨损

轴承拆卸多次，会使轴颈磨损。轴颈磨损不大时，可在轴颈处滚花，或在轴颈处镀一层铬或喷涂一层金属，再磨削至需要尺寸。磨损严重时，最常用的修理方法是：在轴颈上进行堆焊，再到车床上切削磨光至原始尺寸。堆焊时，要注意堆焊后高度至少要比原来表面高度高出3mm以上，并要沿着轴颈圆周表面均匀施焊；焊接时，不能有气孔和夹渣，

否则影响修复质量；冷却后，再用车床按原直径车圆即可。若轴上有镀铬层被磨损，可在磨损部位焊不锈钢，然后再车削。轴颈磨损过大时，可采用热压套法，套圈的厚度不要小于2.5～4mm，套圈的材料一般选用30～45钢。修理前，首先检查被磨损的轴颈有无发蓝退火现象。如有，应在车床上将其车去，直至没有退火痕迹为止，然后将套圈加热到100℃趁热套在轴颈上，再车削到所需尺寸。轴与套圈的装配过盈量与轴径大小有关，轴径大的过盈量大，反之过盈量小。轴径与过盈量的关系如表5－1所示。

表5－1　轴径大小与过盈量　(mm)

轴径	过盈量
ϕ18～30	0.04～0.08
ϕ30～50	0.06～0.10
ϕ50～80	0.08～0.14
ϕ80～120	0.12～0.19

（三）键槽磨损

经检查若键槽表面粗糙，磨损不大时，可以用锉刀修光或将键槽稍开大一些，但不能开得过大，以免影响轴的机械强度，加宽尺寸不得超过原宽度的15%，然后更换与之相配的键即可。如键槽损坏较大时，可采用补焊的方法将原键槽补平，冷却后，在车床上将轴的外圆车圆，然后在原键槽的对面位置重新铣出新键槽。电动机转轴上的键是要求在轴上固定，所以在轴上应选过盈配合。为了避免焊接冷却后因受热不均匀造成轴变形，在焊接操作时必须采用多次点焊。

（四）转子铁心松动

由于电动机长时间运行，有时会使转子铁心与转轴发生松动。松动时，一般低速时噪声小或没有噪声，高速时有噪声。噪声大小与铁心松动有关，松动度越大，冲击声越大。铁心松动还同时影响电动机的转速，严重时将使电动机不能转动。

判断转子与转轴是否松动的方法很简单，只要把转子抽出，一手夹紧转轴，一手握住转子，用力扭动，看转轴与铁心间有无松动感觉。当转轴松动时，一般需要换一只原生产厂生产的相同型号、规格的转子，或者把转轴压出来，加工一根新轴压进去；转轴材料应选用45钢。

如果铁心在轴上有位移的可能，则应在铁心两端的轴上开一个环形槽，再放入两个弧形平键并与轴焊在一起。

（五）轴裂纹或断裂

由于电动机长时间运转，电动机轴可能会产生裂纹或断裂，如果轴的横向裂纹不超过轴直径的10%～15%，纵向裂纹不超过轴长的10%，可用电焊法进行修补后继续使用。如果轴裂纹较严重或断裂，就必须更换新轴，要求新轴的钢牌号应与旧轴相同。

压出旧轴有两种方法：转子质量在40kg以下且轴与铁心配合不太紧的，可以在铁平台上垂直撞击将轴顶出；对质量较大或与铁心配合较紧的转子，先用压力机压出。再根据旧轴的尺寸加工新轴替换。加工分两次进行：先车好中间部分，压入铁心；再车轴承位置及轴伸端。加工时要特别注意保证铁心外圆与两个轴承位置的同轴度。

当转轴裂纹在轴伸处时，可先打出坡口，用电焊补焊，然后进行精车。补焊时注意不能变形且有足够的强度。

（六）轴头扭断

轴头扭断的修复方法有焊接接轴、粘接接轴、热套小轴和换为新轴等。其中以焊接接轴比较简单实用。它是找一根与原轴直径相同或略粗的圆钢棒做接轴，接轴的材料要和原轴的材料相同。一般电动机轴的材料都采用45 钢，除强度较好外，主要是还可以进行调质处理。对于小功率的电动机，也可以选用35 钢或45 钢。具体操作可按图 5－14 进行加工。

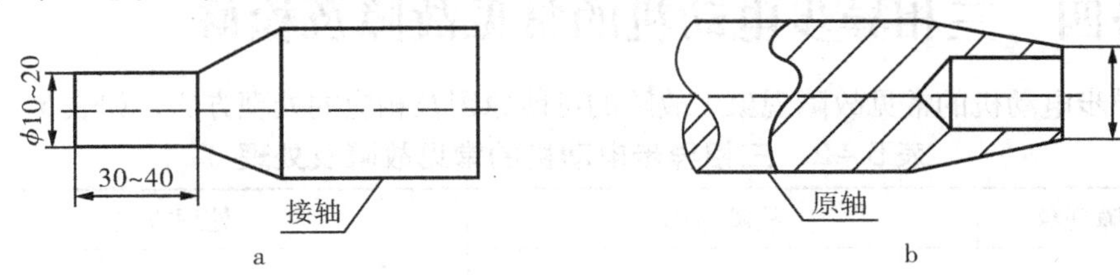

图 5－14　接轴方法示意（单位：mm）

接轴凸起部分直径为 10～20*mm*，比原轴接孔小 0.3～0.4*mm*，长度为 30～40*mm*，焊接时，将接轴插入原轴接孔内，用焦炭炉或用 4 把气焊枪沿焊接圆周均匀加热，当温度上升到 400℃左右，立即沿圆周均匀焊接，应特别注意将焊渣清除干净，焊接应无气孔。轴直径较小时，可一次性完成焊接；直径较大时，可分多次焊接，焊接面仍要高于轴外圆 3*mm* 以上，以便车床加工。焊接后的轴应在 500～600℃以下进行热处理。不管采用哪种方法，首先都要仔细地将原轴尺寸设法测量好，绘出草图，以便按原尺寸加工。

除以上介绍的这几种修理方法外，如果转轴断裂、弯曲严重、磨损严重或转子铁心在转轴上空转（打滑）等，在不能修复或修复费用太高时，应换新轴。转子铁心与轴的装配有三种基本形式：滚花冷压配合、热套配合和键连接配合。功率较大的电动机常采用键连接配合，一般电动机多采用热套配合。换轴时要采用原来的装配方式。

三、端盖和机座的故障修理

电动机端盖和机座一般是用生铁做成的。其常见的故障是产生裂纹，多是由于铸造缺陷或过大的振动及敲击所致。端盖的另一种故障是内圆磨损，这是由于内圆与轴承外圈配合较松，在运行中产生相对运动造成的。电动机频繁的正反转也会加速端盖内圆的磨损。下面分别介绍修理的方法：

1. 修补裂缝　端盖的裂纹可采用铸铁焊条或铜焊条补焊。补焊时，需将工件加热到 700～800℃，然后用直流弧焊机进行焊接。焊好后，放到保温炉内逐渐冷却，以消除焊件的内应力，减少变形。补焊机座时，注意保护好精加工端面及绕组，不使其被高温与炉渣损伤。补焊后需保持端盖与机座的同轴度。

2. 修补端盖内圆磨损　修补端盖内圆磨损主要有以下两种方法：

（1）打“麻点”：又叫打“样冲点”。即用高硬度的尖冲头，在内圆周面上打出均匀的凹凸点，目的是缩小内圆直径，使它与轴承外圈配合较紧。此法适用于轻微磨损的小型电动机端盖，是一种临时应急办法。

（2）锡焊：用锡焊法修理端盖内圆磨损是一种简单易行的办法。修后的端盖不但坚固耐用，而且可保证内圆与止口的同轴度。操作时，先将汽油彻底清洗轴承及端盖轴承室，再用布擦干净。将轴承外圆的三等分处用细砂布磨去亮层表面后擦干净，然后在各等分处涂上少许盐酸，用紫铜电烙铁在其上平整的焊上一层薄锡，再用细砂布磨平，清擦干净。将焊好锡的轴承装入轴承室，多余的锡焊会自动脱落下来。该法可修复间隙不大于0.3*mm*的端盖内圆磨损。

要采用正确的方法进行电动机故障修理，必须熟悉电动机运行中常见故障的特点及原因，少走弯路，节省时间，尽快将故障排除，使电动机处于正常的运转状态。

任务四　三相异步电动机的常见故障及检修

三相异步电动机的常见故障现象、故障的可能原因及相应的处理方法，如表5-2所示。

表5-2　三相异步电动机的常见故障及处理

序号	故障现象	故障原因	处理方法
1	通电后电动机不转有“嗡嗡”声	（1）定子、转子绕组有断路（一相断线）或电源一相失电； （2）绕组引出线首、末端接错或绕组内部接反； （3）电源回路接点松动，接触电阻大； （4）电动机负载过大或转子卡住； （5）电源电压过低； （6）小型电动机装配太紧或轴承内油脂过硬； （7）轴承卡住	（1）查明断点，予以修复； （2）检查绕组极性；判断绕组末端是否正确； （3）紧固松动的接线螺钉，用万用表判断各接头是否未接，予以修复； （4）减载或查出并消除机械故障； （5）检查是否把规定的△接法误接为Y接法；是否电源导线过细使压降过大，予以纠正； （6）重新装配使之灵活；更换为合格油脂； （7）修复轴承
2	通电后电动机不转，然后熔丝烧断	（1）缺一相电源，或定子线圈一相反接； （2）定子绕组相间短路； （3）定子绕组接地； （4）定子绕组接线错误； （5）熔丝截面过小； （6）电源线短路或接地	（1）检查刀闸是否有一相未合好，电源回路是否有一相断线；消除反接故障； （2）查出短路点，予以修复； （3）消除接地； （4）查出误接处，予以更正； （5）更换熔丝； （6）消除接地点
3	通电后电动机不能转动，但无异响，也无异味和冒烟	（1）电源未通（至少两相未通）； （2）熔丝熔断（至少两相熔断）； （3）过流继电器调得过小； （4）控制设备接线错误	（1）检查电源回路开关、熔丝、接线盒处是否有断点，若有及时修复； （2）检查熔丝型号、熔断原因，换为新熔丝； （3）调节继电器整定值，使其与电动机配合； （4）改正接线

续表

序号	故障现象	故障原因	处理方法
4	交流电动机启动困难，额定负载时，电动机转速低于额定转速较多	（1）电源电压过低； （2）△接法误接为Y接法； （3）笼型转子开焊或断裂； （4）定转子局部线圈错接、接反； （5）修复电动机绕组时匝数过多； （6）电动机过载	（1）测量电源电压，设法改善； （2）纠正接法； （3）检查开焊和断点并修复； （4）查出误接处，予以改正； （5）恢复正确匝数； （6）减载
5	电动机运行时响声不正常，有异响	（1）转子与定子绝缘纸或槽楔相擦； （2）轴承磨损或油内有沙粒等异物； （3）定子、转子铁心松动； （4）轴承缺油； （5）风道填塞或风扇擦风罩； （6）定子、转子铁心相擦； （7）电源电压过高或不平衡； （8）定子绕组错接或短路	（1）修剪绝缘，削低槽楔； （2）更换轴承或清洗轴承； （3）检修定子、转子铁心； （4）加油； （5）清理风道；重新安装； （6）消除擦痕，必要时车小转子； （7）检查并稳定电源电压； （8）消除定子绕组故障
6	电动机空载电流不平衡，三相相差大	（1）重绕时，定子三相绕组匝数不相等； （2）绕组首尾端接错； （3）电源电压不平衡； （4）绕组存在匝间短路、线圈反接等故障	（1）重新绕制定子绕组； （2）检查并纠正； （3）测量电源电压，设法消除不平衡； （4）消除绕组故障
7	电动机空载电流平衡，但数值大	（1）修复时，定子绕组匝数减少过多； （2）电源电压过高； （3）Y接法电动机误接为△接法； （4）电动机装配中，转子装反，使定子铁心未对齐，有效长度减短； （5）气隙过大或不均匀； （6）大修时，拆除旧绕组方法不当，使铁心被烧损	（1）重绕定子绕组，恢复正确匝数； （2）设法恢复额定电压； （3）改接为Y接法； （4）重新装配； （5）更换新转子或气隙； （6）检修铁心或重新计算绕组阻值，使绕组匝数适当，或更换铁心
8	轴承过热	（1）润滑脂过多或过少； （2）油质不好，含有杂质； （3）轴承与轴颈或端盖配合不当（过松或过紧）； （4）轴承内孔偏心，与轴相擦； （5）电动机端盖或轴承盖未装平； （6）电动机与负载间联轴器未校正，或皮带过紧； （7）轴承间隙过大或过小； （8）电动机轴弯曲	（1）按规定加润滑脂（占容积的1/3～2/3）； （2）更换为清洁的润滑滑脂； （3）过松用黏结剂修复，过紧应车削、磨削轴颈或端盖内孔，使之与轴承适合； （4）修理轴承盖，消除擦点； （5）重新装配； （6）重新校正，调整皮带张力； （7）更换为新轴承； （8）校正电动机轴或更换转子

续表

序号	故障现象	故障原因	处理方法
9	电动机空载、过负载时，电流表指针不稳、摆动	（1）笼型转子导条开焊或断条； （2）绕线式转子故障（一相断路）或电刷、集电环短路装置接触不良	（1）查出断条予以修复，或更换转子； （2）检查绕线式转子回路并加以修复
10	运行中电动机振动较大	（1）轴承磨损，使间隙过大； （2）气隙不均匀； （3）转子不平衡； （4）转轴弯曲； （5）铁心变形或松动； （6）联轴器（皮带轮）中心未校正； （7）风扇不平衡； （8）机壳或基础强度不够； （9）电动机地脚螺栓松动； （10）笼型转子断条；绕线式转子断路；定子绕组故障	（1）检修轴承，必要时更换； （2）调整气隙，使之均匀； （3）校正转子，做动平衡； （4）校直转轴； （5）校正铁心； （6）重新校正，使之符合规定； （7）检修风扇，校正平衡，纠正其几何形状； （8）进行加固； （9）紧固地脚螺栓； （10）修复转子绕组；修复定子绕组
11	电动机过热甚至冒烟	（1）电源电压过高，使铁心发热太大； （2）电源电压过低，电动机又带额定负载运行，电流过大使绕组发热； （3）修理拆除绕组时，采用热拆法不当，烧伤铁心； （4）定子、转子铁心相擦； （5）电动机过载或频繁启动； （6）笼型转子断条； （7）电动机缺相，两相运行； （8）重绕后定子绕组浸漆不充分； （9）环境温度高，电动机表面污垢多，或通风道堵塞； （10）电动机风扇故障，通风不良；定子绕组故障（相间、匝间短路；定子绕组内部连接错误）	（1）降低电源电压（如供电变压器分接头），若是电动机 Y、△接法错误引起的，则应改正接法； （2）提高电源电压或换为粗的供电导线； （3）检修或更换铁心，排除故障； （4）消除擦点（气隙或挫、车转子）； （5）减载；按规定次数控制启动； （6）检查并消除转子绕组故障； （7）恢复三相运行； （8）采用二次浸漆及真空浸漆工艺； （9）清洗电动机，改善环境温度，采用降温措施； （10）检查并修复风扇，必要时更换；检修定子绕组，消除故障

任务五　电动机维修实例

一、某化工厂用185kW三相异步电动机，改Y连接启动、△连接运行为△连接启动、Y连接运行，以增大启动转矩解决启动困难

（一）问题分析

三相异步电动机为了降压启动，通常采用Y连接启动，△连接运行。该机驱动的化工机械惯性大，启动时要求有较大转矩，运行中要求转矩较小，运行时电流为额定值的1/6～1/3。换小容量电动机又满足不了启动要求。最后改变启动和运行时的绕组连接方式，既克服了启动困难，又节约了电能。

（二）改接方法

原机是Y连接启动、△连接运行，经常因启动困难影响生产。根据该厂电网容量大，电动机运行时负载电流小情况，将该185kW电动机改为△连接启动、Y连接运行。在原控制回路中加了一个时间继电器，启动后通过时间继电器，将电动机由△连接启动转为Y连接运行。改接后电动机不仅启动顺利，而且功率因数由原来的0.51提高到0.84，无功功率由原来的48.5kvar降为27.8kvar，节电效果明显。

二、一台Y200L－4型30kW电动机在空载通电后既不转动又无声响

（一）分析检查

通电后无声响又不转动，可能是电源无电或未接通电源。用万用表交流电压500V挡检测电动机出线端子，未量出电压，查证电源无电，原因是车间分闸一相熔断器熔体烧断。

（二）修理方法

更换熔断器后，再合闸，电动机很快启动且转入正常运转。

三、一台三相异步电动机通电后不启动，仅发出“嗡嗡”声

（一）分析检查

电动机通电后只有“嗡嗡”声但不转动，说明电源有电但断相。不是一相熔体断，就是电动机绕组有一相断路，应立即切断电源检查。检测结果是接触器一相接触不良。

（二）修理方法

通过调整和整定接触器，在不通电情况下拉合闸试验时，三相动触头开合一致、接触严密；通电后检查触头接触良好，电动机很快启动，又无“嗡嗡”声。

四、车床上两台5.5kW电动机轻载串联、重载并联运行，突然出现启动慢的现象

（一）分析检查

经检查试车发现，在串联运行时，第二台电动机线电压仅为230V，说明电动机内部有故障。用双臂电桥分别测两电动机定子绕组的直流电阻时，发现第二台电动机定子绕组电阻不平衡，且与第一台的数值不同（同一厂家出品的同型号的两台电动机），第二台电动机V相直流电阻是U、W相电阻值的一半。经解体检查，查出V相a根并绕的导线有一根断开。

（二）修理方法

将 V 相绕组引线端断开的一根导线两端头焊牢，和另一根并绕线头同时与 V 相引出线连好，包上绝缘。处理后通电检查，两电动机启动慢的现象消失。

五、一台三相笼型电动机停运后再通电不能启动

（一）分析检查

这种现象除电源断相、一相熔断器熔断、接触器一相开路外，就是一相绕组开路，使电动机无法启动。经解体检查，发现定子一相绕组烧毁。此烧毁原因是因为在上次运行中处于单相运行所致。

（二）修理方法

电动机的一相绕组虽然烧坏，由于处于单相运行，使其他两相绕组绝缘因过热而老化变脆。将全部绕组拆除，按原线径、匝数及连接方式重绕新线圈并换上，故障排除。

六、两台电动机运行不久又启动困难

（一）分析检查

先检测两台电动机定子绕组直流电阻值是否平衡，结果均平衡。然后分析启动困难的原因可能是某一台转子有断条故障。用断路侦察仪检测第一台电动机转子，发觉转子上有两个槽中铸铝导条断裂，断裂处离转子一端约 50mm。

（二）修理方法

在断条处用手电钻钻 ϕ4mm 的小孔各一个，孔深 12mm，再用 M5mm 丝锥攻出 M5mm 螺纹，用 M5mm × 10mm 的沉头螺钉旋入，使两断开的导条通过螺钉连为一体。排除断条故障后，通电试车，两电动机启动顺利。

七、一台三相笼型电动机带负载不能启动

（一）分析检查

该 4 极 75kW 电动机检修后不能带负载启动，经检查得知外部连接与铭牌标示的连接不一样，铭牌上为△连接，电动机实际为 Y 连接。这是检修时接线错误引起的启动困难。

（二）修理方法

因该机引出 6 根引线，Y 连接时，三根末端引线在外部连接成一点。只要先剥去该点外绝缘层，用电烙铁烫开该点，把三相首末引线相序找对后，再按△连接接好线，焊牢和包上绝缘即可。

八、一台电动机虽能启动，但声音不正常，熔断器熔体很快熔断

（一）分析检查

根据检修经验，此故障原因不是熔断器熔体截面太小，就是电动机接线有错。经检查熔体额定电流与电动机容量相匹配；再检查电动机外部连接，发现电动机铭牌上为 Y 连接，实际接线为△连接。这种错误接线在熔体选择较大而不易熔断时，电动机会因定子电流增加好几倍而很快使绕组过热并烧毁。

（二）修理方法

同上例一样，此故障也属接线错误。将△连接的 6 个引出线头打开，找好三相首末线头，将末端引线 U_2、V_2 及 W_2 连接成一点并焊牢，包好绝缘，首端引线 U_1、V_1 及 W_1 接三相电源即可。

习题

1. 三相异步电动机故障产生的原因有哪些?
2. 三相异步电动机电气方面的故障主要有哪些?
3. 三相异步电动机机械方面的故障主要有哪些?
4. 三相异步电动机故障的判断技巧有哪些?
5. 简述短路和短路故障的判断及处理方法。
6. 转子断条检测的方法有哪些?
7. 转轴常见的故障有哪几种?各如何处理?

项目六　三相异步电动机修理后的试验

知识目标：

1. 了解三相异步电动机修理后容易出现的故障。
2. 熟悉三相异步电动机修理后的检查项目和通电试验项目。

技能目标：

1. 熟练掌握三相异步电动机修理后容易出现的故障及处理方法。
2. 熟练掌握三相异步电动机修理后通电试验的方法。

任务一　三相异步电动机修理后容易出现的故障及处理

电动机在修理后容易出现一些故障，这些故障如不及时解决就可能会烧毁电动机，影响整个系统运行。我们要及时对这些故障进行处理，保证电动机的正常运行。以下从三个方面进行介绍。

一、电动机修理后有异常噪声

电动机主要噪声源一般来自三个方面：通风噪声、电磁噪声和机械噪声。

（一）通风噪声

通风噪声包括：通风原件以及转子旋转形成的气体涡流噪声；风扇旋转使冷却气体周期性脉动或气体撞击阻碍物而产生的单频噪声；风路中薄壁零件谐振或风路设计不合理发出的笛声等。通风噪声一般还是很好消除，如：打开风扇侧端盖，检查风扇及风路中的薄壁零件，如有松动则紧固风扇及风路中的薄壁零件；清除掉风扇侧内部的灰尘等。

（二）电磁噪声

电磁噪声是指由电动机气隙中定子、转子相互作用产生的随时间和空间变化的径向力，使定子铁心和机座随时间周期性变形引起振动而产生的噪声。电磁噪声强度的大小与径向力的大小及定子铁心、转子的刚度有关。一方面定子铁心发生变形或滚珠轴承发生磨损，使定子与转子之间的气隙变得不均匀，转子在做切割磁感线运动时局部受力会变大，产生刺耳的声音；另一方面，长时间不使用的电动机，在定子、转子之间会有很多灰尘及杂质，电动机转动时，随着气流来回振动，从而产生轻微的摩擦声；另外，电动机如果有一相断开或压接不紧固，由于切割磁感线不对称，也会发出“嗡嗡”声。因此，电动机在使用前，需打开端盖，进行彻底检查。观察定子、转子间隙是否均匀，轴承是否磨损，确保间隙内无灰尘杂质，并重新更换同种型号的润滑脂。一般电动机在运行 5000h 后就要补

充或更换润滑油脂，才能保证电动机轴承良好的润滑，避免电动机因轴承磨损而损坏。

（三）机械噪声

机械噪声是指由转子机械不平衡引起的离心力产生的机械振动及相互间的接触噪声等，一般表现为定子、转子相擦，转子风叶碰壳等。定子、转子相擦是由于轴承损坏、轴弯曲造成转子铁心与定子铁心摩擦，定子铁心由于摩擦温度会急速上升，引起定子绕组绝缘被破坏，造成匝间短路或对地“放炮”，严重时会使定子铁心倒槽、错位、转轴磨损、端盖报废等。在电动机修理后试运行期间，如听到扫膛声，应立刻停机处理，避免大的事故发生。转子风叶碰壳一般是由于固定风叶的螺栓松动所造成的，打开风扇侧端盖紧固螺栓就可消除掉。

二、电动机温升快

电动机温升快有很多方面的原因，总结起来有以下几点：过载、缺相运行，电压过低或接线错误，绕组接地或匝间短路，轴承磨损及安装不合适，定子、转子相擦，通风不畅等。

（一）过载

过载负荷下运行的电动机电流会超过额定电流，而线圈绕组通过的电流变大，温度会急剧上升。用钳型电流表可以监测一下电流，如果电流超过额定值，建议更换为大功率的电动机或减轻负载。

（二）缺相

如果电动机有一相或两相断开或电缆压接不牢固，都会造成电动机温度急剧上升，同时有“嗡嗡”声，并且转速很低。缺相运行分△接法与 Y 接法两种情况。

图 6－1 所示为绕组△接法的情况：当电动机缺相后（图 6－1b），电动机虽然尚能继续运行，但转速下降，滑差变大，其中 B、C 两相变为串联关系后与 A 相并联，在负荷不变的情况下，A 相电流过大，长时间运行，该相绕组必然过热而被烧毁。

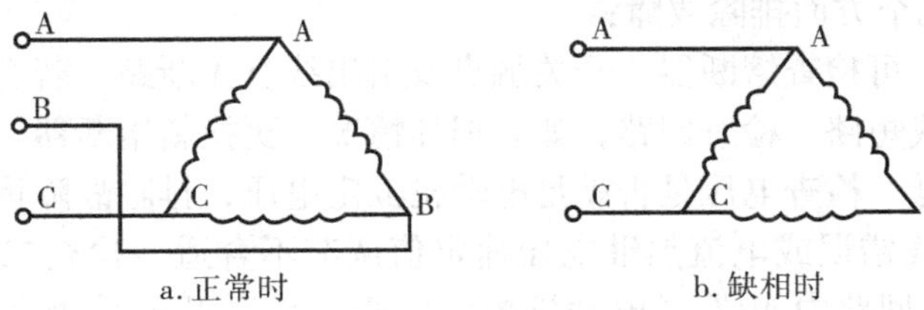

a. 正常时　　b. 缺相时

图 6－1　△接法

图 6－2 所示为绕组 Y 接法的情况：电源缺相后（图 6－2b），电动机尚可继续运行，但转速明显下降，转差变大，磁场切割导体的速率加大，这时 B 相绕组被开路，A、C 两相绕组变为串联关系且通过电流过大，长时间运行，将导致两相绕组同时被烧坏。

在电动机修理后试运转前，确保接线盒端子引线处三相连接完好，电缆压接紧固，安全距离满足要求，熔断器及开关触点接触良好，熔断器保险良好，此类问题即可得到解决。

（三）电压过高或过低

电压过高或过低都会造成三相电流不平衡，造成绕组局部受热，温度上升快，如长时间运行，会造成匝间短路，烧坏电动机整个线圈。

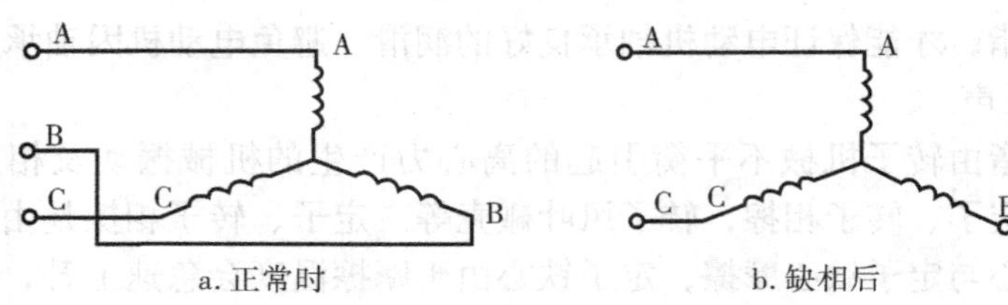

图6-2 Y接法

（四）绕组接地、短路

绕组接地、绕组短路大多是因为使用不当或因外在的机械应力造成的绝缘层被破坏，主要集中在绕组伸出槽口处。可对此处的绕组重新处理，喷绝缘漆。电动机受潮也会引起绕组对地及匝间的绝缘性能降低，则可用干燥方法进行处理。

（五）轴承发热

轴承发热是电动机温升的最主要的原因。首先，电动机轴承室内必须要有适量的润滑脂，既不能太多，也不能太少，一般维持在容积的2/3，而且油脂内不能有任何杂质，油的牌号要与电动机匹配。对于带滑动轴承的电动机，如果油路堵塞、不畅通，也会造成轴承温度上升很快，对于此类问题，可检查油路管道及油泵，排除油路故障，保证有足够的润滑油。对于带滚动轴承的电动机，若滚珠磨损严重以及铁心变形引起扫膛现象，温度会急剧上升，严重时会烧坏电动机。此外，轴承在卸、装的过程中，一般要对轴承加热，但在实际安装时若没有使用合适的加热方法，会导致轴承受热不均，造成局部轻微变形。一般表现为轴承与轴配合过松（走内圈）或过紧、轴承与端盖配合过松（走外圈）或过紧，过松时可用金属喷镀或镶套筒，过紧时则需要重新加工轴承。

三、通电后不能启动或转速不正常

（一）通电后不能启动

一般可从以下几个方面排除故障：

1. 电源未接通　可检查熔断器、开关触点及引出线有无断路，若有则加以纠正。

2. 熔断器断路或短路　检查回路，如有损坏情况，更换新熔断器。

3. 电源电压过低　检查电压是否满足电动机额定电压，排除故障重新启动。

4. 制动设备接线错误或电流热继电器速定值调节不合适　检查二次回路接线是否正确，再试验制动设备回路中 MCC（电动机控制中心）传动开关是否良好，并把整定值调节到电动机额定电流的1.1倍左右。

（二）转速不正常

一般可从以下几个方面排除故障：

1. 电源电压太低或缺相　检查输入端电源电压是否正常，是否达到额定电压。如果不正常，一般电动机常伴随有“嗡嗡”声。

2. 笼型转子断条、脱焊或虚焊　此类现象很难发现，需将电动机解体后仔细检查才能发现。

3. 绕组匝间短路、断路或接错线　这类问题都会造成电动机转速不正常，同时伴随温度上升、电流急剧上升。打开电动机端盖检查，进行处理。

为了保证电动机的正常运行，我们必须清楚地认识电动机的这些常见故障，做到“对

症下药”。出现故障隐患时，及时发现、及时解决，把事故率将至最低点。

任务二　三相异步电动机修理后的检查和试验

三相异步电动机经过检修以后，应经过检查和试验合格后方能投入运行，以免发生不必要的事故。检查和试验的内容包括机械和电气两个部分。

对检修后装配完成的电动机，首先检查其机械部分，这方面只要保证安装合乎要求，润滑良好，活动部分轻便灵活，紧固部分牢固可靠即可。

检查和试验的重点在电气部分，共有六项：

（1）满载温升。

（2）满载效率。

（3）满载功率因数。

（4）启动转矩。

（5）启动电流。

（6）过载能力。

为了检查电动机的质量是否符合标准，必须测定这六项性能及其他有关的一些性能指标，这叫“形式”试验。“形式”试验，需要较长时间和复杂的设备，一般在检修后的电动机只要进行简单的“修后检验”，它不是直接测定上述六项性能指标，而只是测出一些参考数据，然后从这些参考数据来判断电动机是否基本合格，下面进行介绍。

一、通电前的检查

（一）一般检查

试验前，应检查电动机的装配质量，如：出线端连接是否正确；装配紧固情况；转子转动是否灵活；轴伸径向偏摆是否在限值以内等。对于绕线式电动机还应检查电刷装配情况，电刷与集电环的接触情况等。

（二）测量绝缘电阻

绝缘电阻的测定，分热态测定和冷态测定两种。在修后检测时，一般只测冷态（室温）的绝缘电阻。绕线式电动机还需测量转子绕组的绝缘电阻。多速多绕组的电动机需对每套绕组测量其机壳的绝缘电阻和各套绕组间的绝缘电阻。

（1）对500V以下的低压电动机：一般使用500~1000V兆欧表，其绝缘电阻不应低于0.5MΩ，对于更换绕组后的电动机，其绝缘电阻应大于5MΩ。

（2）对高压电动机，一般使用2500V兆欧表，其绝缘电阻每千伏不应低于1MΩ。

（3）判断绕组绝缘是否受潮，可用兆欧表测量它的绝缘电阻，其吸收比 $R_{60}/R_{15} \geq 1.3$ 时，说明电动机未受潮。R_{60}、R_{15} 分别表示兆欧表分别摇至60s和15s时的绝缘电阻。

（三）三相绕组的电阻测定

对于定子绕组的每一相，需单独测量其电阻。小容量电动机，可用万用表的 $R\times1\Omega$ 挡测量；大容量电动机，则必须用电桥测量。

（1）所测得的各相绕组直流电阻值，应基本一致，相互间的差不得大于2%。

（2）换算到同一温度或75℃时的直流电阻值，与制造厂或原始记录比较，相差不超过±2%。

（四）耐压试验

对电动机进行耐压试验时，通常要将其定子的各相线圈对外壳以及对其他接地的两相分别进行试验，同时也要将转子绕组进行耐压试验。

试验电压规定如下。

1. 定子绕组　进行交接试验时，对额定电压为 0.4kV 及以下者取 1kV，额定电压为 6kV 的取 10kV；对运行中的电动机，以及对大修中未更换或局部更换定子绕组的电动机取 1.5 倍额定电压，但不得低于 1000V；全部更换定子绕组的电动机取 2 倍额定电压再加 1000V，但不得低于 1500V；100kW 以下不甚重要的低压电动机，其交流耐压试验可用 2500V 兆欧表来测试。

2. 转子绕组　交接试验时，对不可逆转子取 1.5 倍额定电压，可逆转子取 3 倍额定电压。

二、通电试验

（一）测量定子绕组的冷态直流电阻

将电动机在室内放置一段时间，用温度计测量电机绕组端部或铁心的温度。当所测温度与冷却介质温度之差不超过 2K 时，即实际冷态。记录此时的温度和测量定子绕组的直流电阻，此阻值即冷态直流电阻。

1. 伏安法

（1）量程的选择：测量时电流为额定电流的 10% 左右，约为 50mA，直流电流表的量程用 200mA 挡。定子一相绕组电阻约为 50Ω，则两端电压约为 2.5V，直流电压表量程用 20V 挡。

测量方法同项目二的任务二中的有关内容。

每一电阻测量三次，取其平均值，测量定子三相绕组的电阻，记录于表 6－1 中。

表 6－1　用伏安法测量定子绕组的冷态直流电阻数据表

测量值	绕组Ⅰ			绕组Ⅱ			绕组Ⅲ		
I（A）									
U（V）									
R（Ω）									

（2）注意事项：

1）在测量时，电动机的转子必须静止不动。

2）测量通电时间不应超过 1min。

2. 电桥法　测量方法同项目二任务二中的有关内容。测量后记录数据于表 6－2 中。

表 6－2　用电桥法测量定子绕组的冷态直流电阻数据表

电阻	绕组Ⅰ	绕组Ⅱ	绕组Ⅲ
R（Ω）			

（二）判定定子绕组首末端

判定方法同项目二的任务二中的有关内容。

（三）空载试验

电动机施加额定电压做空载运行 0.5h 以上，容量为 200kW 及以上电动机，空载运行时间不少于 4h；容量为 200kW 以下的电动机，空载运行时间不少于 2h（以轴承温度稳定为标准）。并做以下的测量。

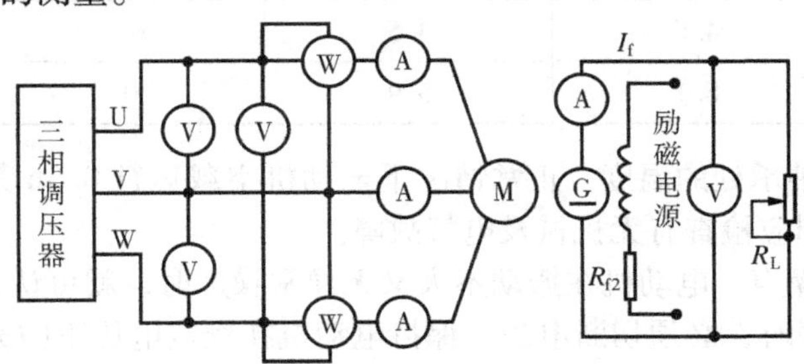

图 6 – 5　三相交流电动机空载试验线路

电动机绕组△接法（额定电压 220V）按图 6 – 5 接线。首先把交流调压器退到零位，然后接通电源，逐渐升高电压，使电动机启动旋转，观察电动机旋转方向。并使电动机旋转方向符合要求。

1. 测量三相空载电流　空载试验时，在电动机定子绕组上加三相平衡的额定电压，电动机轴承上不带任何负荷。

当电压对称且等于额定电压 U_e 时，任何一相空载电流与三相电流平均值的偏差，应小于 10%，且空载电流应在正常范围内。一般而言，空载电流为额定电流的 1/3 ~ 2/3，小数值对应于笼型电动机，大数值对应于绕线式电动机。现将一般小型笼型电动机的空载电流值列于表 6 – 3 中。三相线电压和线电流，与以前所测量的数值比较，相差不应超过 5%。若实测值与表中值差异过大（例如超过 15%），则应考虑电动机故障尚未完全排除，应查明原因并予处理。

表 6 – 3　JO2 系列笼型电动机的空载电流值

功率（kW）	空载电流（A）			
	电流（A）			
	2	4	6	8
0.6		0.9		
0.8	0.8	1.1	1.5	
1.1	1.0	1.4	1.9	
1.5	1.2	1.6	2.2	
2.2	1.7	2.4	3.2	4.2
3	2.3	2.7	3.3	4.4
4	2.7	3.5	4	4.6

续表

功率（kW）	空载电流（A）			
	电流（A）			
	2	4	6	8
5.5	3.5	4.3	4.9	5.8
7.5	4.6	4.5	6.1	8.8
10	6.1	5.9	10.1	10.5

2. 测量机壳和轴承处的温度　正常情况下电动机空载运行 0.5h 是不会有温升的。如果电动机很烫手，则应检查有无机械及电气故障。

3. 测量振动和噪声　电动机在振动不大又无异常噪声时，就可认为其合格。

注意：调整相序时，必须切断电源。保持电动机在额定电压下空载运行数分钟，使机械损耗达到稳定后再进行试验。调节电压由 1.2 倍额定电压开始逐渐降低，直至电流或功率显著增大为止。在这范围内读取空载电压、空载电流、空载功率，共读取 7 ~ 9 组数据，记录于表 6 - 4 中。

表 6 - 4　三相交流电动机空载试验数据表

序号	U（V）				I（A）				P（W）			$\cos\phi$
	U_{UV}	U_{VW}	U_{WU}	U_O	I_U	I_V	I_W	I_O	P_I	P_{II}	P_O	$\cos\phi_O$
1												
2												
3												

注意：空载试验读取数据时，在额定电压附近应多测几点。

（四）短路试验

试验方法同项目二任务二中的有关内容。

测量结果记录于表 6 - 5 中。

表 6 - 5　三相交流电动机短路试验数据表

序号	U（V）				I（A）				P（W）			$\cos\phi$
	U_{UV}	U_{VW}	U_{WU}	U_K	I_U	I_V	I_W	I_K	P_I	P_{II}	P_K	$\cos\phi_K$
1												
2												
3												
4												
5												

（五）温升试验

对三相异步电动机的温升试验可在任一方面的冷却介质温度下进行。试验时，可用温

度计法、电阻法、埋置检温计法测量电动机绕组及其他各部分的温度。

1. 温度计法　温度计法即指用温度计来检测的试验。温度计包括膨胀式温度计（例如水银、酒精等温度计）、半导体温度计及埋置的热电偶或电阻温度计。测量时，温度计应紧贴在被测点表面，并用绝缘材料覆盖在温度计的测温部分，以免受周围冷却介质的影响。有交变磁场的地方，不能采用水银温度计。

2. 电阻法　电阻法是指用测量电阻的方法来测取绕组的温度。用电阻法测取绕组的温度时，冷热态电阻必须在相同的出线端上测量。

3. 埋置检温计法　在测量埋置式温度计的电阻时，应控制测量电流大小的通电时间，使电阻值不致因测量电流引起的发热而有明显的改变。

习题

1. 电动机修理后出现的异常噪声有哪些？原因及排除方法是什么？
2. 电动机修理后出现温升快的原因及排除方法是什么？
3. 电动机修理后出现不能启动或转速不正常的原因及排除方法是什么？
4. 电动机修理后通电前的检查内容有哪些？
5. 电动机修理后通电试验的内容有哪些？

项目七　三相异步电动机的维护与检修

知识目标：

1. 熟悉电动机的日常维护内容。
2. 熟悉电动机的定期检修内容。

技能目标：

掌握判断温升的方法。

任务一　三相异步电动机的维护

中小型三相异步电动机应用十分广泛，使用环境十分复杂，因此容易出故障，为了使电动机工作正常，延长使用寿命，需要做好日常维护。

一、启动前的检查

（一）检查对象

（1）新安装的电动机。

（2）停用3个月以上的电动机。

（二）检查项目

（1）检查电动机定子、转子绕组各相之间和绕组对地的绝缘电阻。

绝缘电阻应大于下式所求得的数值

$$R = U/(1000 + P/100)$$

式中　R——电动机绕组的绝缘电阻，MΩ；

U——电动机绕组的额定电压，V；

P——电动机的额定功率，kW。

对低压电动机用500V 绝缘电阻表测量，其绝缘电阻不应低于0.5MΩ，否则应对定子绕组进行干燥处理。干燥时的温度不允许超过120℃。

（2）检查轴承是否有润滑油。带滑动轴承的电动机，润滑油应达到规定的油位；带滚动轴承的电动机，应达到规定的油量，以保证润滑。

（3）检查电动机使用情况是否与铭牌相符。检查电动机定子绕组的接法；检查电源电压。

（4）确定转向。对于反向运转可能损坏设备的单向运转电动机，在电动机与生产机械连接之前通电检查，若转向错误，可将定子绕组任意两相对调，相序确认后再与生产机械

相连。

(5) 检查电动机启动、保护设备。检查启动、保护设备的规格是否与电动机配套，接线是否正确；所配熔体规格是否恰当，熔断器安装是否牢固；这些设备和电动机外壳是否妥善接地。

(6) 检查电动机安装情况。检查电动机端盖螺钉、地脚螺栓、与联轴器连接的螺钉和销子是否坚固；传动带的连接是否牢固，松紧度是否合适；联轴器或带轮中心线是否校准；机器的转动是否灵活，有无非正常的摩擦、卡塞、窜动和异响等。

(7) 对绕线式转子电动机，应检查集电环上的电刷和电刷的提升机构是否处于正常工作状态，电刷压力应为0.015～0.025MPa。

二、启动时的注意事项

(一) 启动状态

电动机启动后应密切观察电动机的状态，若电动机不转或转速很低或有“嗡嗡”声，必须迅速断开电动机电源，否则会导致电动机被烧毁，甚至危及线路及其他设备。断电后，查明电动机故障的原因，排除故障后再重新试车。

(二) 动作状态

电动机启动后，留心观察电动机、传动装置及负载机械的工作情况，检查电流表和电压表的读数是否符合要求。若有异常现象，应立即断电检查，故障排除后再行启动。

(三) 启动次数

笼型电动机允许连续启动的次数有一定的限制，因启动电流很大，若连续启动次数太多，可能损坏绕组。

对于小型异步电动机，在冷态时连续启动的次数不得超过空载3～5次，在热态时允许启动1次。长时间工作后停机再连续启动的次数不超过2～3次。若启动过于频繁，则启动电流太大，会使电动机急剧发热而损坏绝缘。

(四) 同一电网供电的电动机

同一电网供电的电动机若同时启动，启动的大电流将使电网电压严重下跌，不仅不利于电动机的启动，还会影响电网对其他设备的正常供电。

三、日常运行中的维护

(1) 电动机应定期检查和清扫，外壳不得堆积灰尘，进风口和出风口必须保持畅通无阻，要注意保持电动机内部的清洁，不允许有水滴、油污及杂物等落入电动机内部，不得用水冲洗电动机。

(2) 经常检查轴承发热、漏油情况，定期更换润滑油。电动机运行时，轴承允许温度不超过95℃（温度计法），轴承每运行2500h（约半年）至少检查一次，如果发现轴承润滑脂变质，必须及时更换。每运行5000h左右，即应补充或更换润滑脂（封闭轴承在使用寿命期内不必更换润滑脂）。一般在更换润滑脂时，将轴承和轴承盖煤油清洗，然后用汽油洗干净。润滑脂一般采用锂基润滑脂（GB7324—87），2极电动机加油量为轴承净容积的1/2，4极以上为2/3。

当电动机中轴承超过使用寿命，电动机运行的振动及噪声将明显增大。检查轴承的径向游隙，当其达到表7－1中的数值时，即应更换轴承。

表 7－1　轴承径向游隙值

轴承内径（mm）	20～30	35～50	55～80	85～120
极限磨损游隙（mm）	0.10	0.15	0.20	0.30

（3）对运行中的电动机要及时了解它的工作状态，发现异常现象及时处理，确保电动机使用寿命和安全可靠地运行。运行中可通过仪表、工具及人体感官来判断电动机运行是否正常。

监测的项目主要有温度、电流、电压、声音、气味与振动等。

（4）监测：

1）监测电动机的温度：温度不应超过允许值。电动机带负载运行时由于损耗而发热，当电动机的发热量与散热量相等时，其温度就稳定在一定的数值。只要环境温度不超过规定，电动机满载运行的温升不会超过所用绝缘材料允许的温度。若电动机温度过高，这是电动机绕组和铁心过热的外部表现，严重过热会损坏电动机绕组绝缘，甚至会烧毁电动机绕组和降低其他方面的性能。

在冷却介质温度不超过40℃和海拔1000m处，不同绝缘等级的异步电动机各部分的温升限度如表7－2所示。

表 7－2　异步电动机各部分的温升限度

<table>
<tr><th rowspan="3">电动机部件名称</th><th colspan="10">不同绝缘等级的温升限度（℃）</th></tr>
<tr><th colspan="2">A</th><th colspan="2">E</th><th colspan="2">B</th><th colspan="2">F</th><th colspan="2">H</th></tr>
<tr><th>温度计法</th><th>电阻法</th><th>温度计法</th><th>电阻法</th><th>温度计法</th><th>电阻法</th><th>温度计法</th><th>电阻法</th><th>温度计法</th><th>电阻法</th></tr>
<tr><td>额定功率在5000kW及以上，或铁心长度在1m及以上的交流绕组</td><td></td><td>60</td><td></td><td>70</td><td></td><td>80</td><td></td><td>100</td><td></td><td>125</td></tr>
<tr><td>额定功率和铁心长度小于上项的交流绕组</td><td>50</td><td>60</td><td>65</td><td>75</td><td>70</td><td>80</td><td>85</td><td>100</td><td>105</td><td>125</td></tr>
<tr><td>与绕组接触的铁心及其他部件</td><td>60</td><td></td><td>75</td><td></td><td>80</td><td></td><td>100</td><td></td><td>125</td><td></td></tr>
<tr><td>集电环</td><td>60</td><td></td><td>70</td><td></td><td>80</td><td></td><td>90</td><td></td><td>100</td><td></td></tr>
<tr><td>永久短路的无绝缘绕组和不与绕组接触的部件</td><td colspan="10">温升不应达到足以使任何相近的绝缘或其他材料有损坏危险的数值</td></tr>
</table>

判断温升过高的方法有以下两点：

一是酒精温度计法。轴承和定子铁心温度可直接接触测量，绕组温度可用间接方法测量，即将温度计下端用铝箔包住，放入吊环螺钉孔，测得绕组表面温度，之后再加15℃即可。

二是感觉估测法。用手背贴在电动机外壳，若烫得要立即缩手，就说明电动机过热了。也可将水滴在电动机机壳上，若既冒热气又伴有“咝咝”声，则说明电动机已过热。

2）监测电动机的电流：在配电屏（盘面）上装设电动机用电流表和电压表，主要是为了加强对运行中电动机的监视，及时发现异常现象（过载运行或单相运行），防止发生

故障以免烧毁电动机。当环境温度为标准值时，电动机定子电流应不超过铭牌上的额定电流值，如果运行电流超过额定值应立即停机检查原因。另外，还要监测定子三相电流是否平衡，三相中最大或最小的一相与其三相平均值的偏差不得相差10%，在超过这一数值时，也应停车进行检查并予以排除。

若为额定负载，电动机的线电流接近额定电流，电动机工作状态最好，温升符合要求。

若负载过轻，则电流较小，容量下降，功率因数和效率都降低，经济指标变差。

若负载过重，则电动机电流增大，发热加剧，温升过高，影响使用寿命。

电动机设计时是按环境温度40℃进行的，如果使用环境温度低于40℃，可适当增大负载；反之，必须减小负载。负载允许增减值与环境温度的关系如表7－3所示。

表7－3　负载允许增减值与环境温度的关系

环境温度（℃）	允许增（＋）、减（－）负载（%）
30	+10
35	+5
40	0
45	-5

3）监测电动机的电压：监测电源电压、频率的变化和电压的不平衡度。电源电压和频率的过高或过低，三相电压的不平衡造成的电流不平衡，都可能引起电动机过热或其他不正常现象，故要求电源电压（频率为额定）与额定值的偏差不超过±5%。频率（电压为额定）与额定值的偏差不超过±1%。如果超过这一范围，则应找出原因并设法调整供电系统的负载情况。

4）监测电动机的声音、气味和振动：电动机在正常运行时声音均匀无杂声，机械、电气两方面的故障都有可能造成杂声。如果电动机过负荷，则有较大的“嗡嗡”声，当三相电源不平衡或缺相时“嗡嗡”声特别大，轴承间隙不正常或滚珠损坏时，则发出“咕噜噜”的声音。转子扫膛或笼型电动机导条断裂脱槽则有严重的碰擦声。出现异常声响要立即停机检查，以免故障扩大造成更大的损失。

电动机故障发热时，绕组的绝缘物受热分解出绝缘漆的气味，如果轴承缺油严重引起发热则可以嗅到润滑油挥发的气味；润滑油填充过量也会引起轴承发热。电动机超载运行太久绕组绝缘将会损坏，这时能嗅到一种绝缘漆的焦煳味。出现以上情况应立即停机，查出原因排除故障。

电动机正常运行时只有轻度的振动，如果振幅加大说明已有故障存在。这时应立即停机检查地脚螺栓、皮带轮、联轴器等是否松动或有无变形。

紧急停机故障现象：故障现象包括：发生人身触电事故；电动机或有关设备、线路冒烟起火；电动机剧烈振动；轴承剧烈发热和有明显异响；电动机所拖动的生产机械损坏；电动机发生窜动、冲击、扫膛、转速突然下降、温度迅速上升。

5）监测电动机的通风环境及传动装置：电动机的通风对它的工作温度影响很大，应保证电动机的进风口、出风口畅通无阻。室内工作的电动机要注意环境通风以利于散热，

室外工作的电动机要避免阳光直晒，否则电动机的工作温度也会受到外界的影响而升高。

电动机及所拖动的机械设备周围应保持卫生，及时清除电动机外壳的油污尘垢，以免影响散热，灰尘较多的场所应每天进行清扫。

电动机运行时要注意传动装置的工作情况，如皮带轮、转动轴和联轴器有无松动，传动皮带、链条有无过紧或过松的现象等。如发生以上情况也应停机处理。

任务二　三相异步电动机的定期检修

三相异步电动机的定期检修内容有外观检查、通电试运转和拆卸装洗油等。至于定期检修的周期要根据电动机平均每天的运行时间、工作环境和使用年数而具体确定，一般每年要检修一次，如果工作环境恶劣、使用频繁，也可半年检修一次。

一、电动机的外观检查

（1）检查电动机是否有缺件。

（2）检查电动机是否有损坏件。

二、通电试运转

新装、长期停用或大修前后的电动机，运转前应测量绕组相间和绕组对地的绝缘电阻值。通常对500V以下电动机用500V兆欧表；对500～3000V电动机用1000V兆欧表；对3000V以上电动机用2500V兆欧表。绝缘电阻值每1000V工作电压不得小于1MΩ。380V的电动机绝缘电阻值不得小于0.5MΩ。

（1）用手转动电机轴，检查转子是否能自由旋转，转动时有无异常。

（2）检查电动机铭牌所示的电压、功率、频率、接法、转速与电源、负载是否相符。

（3）通电运转。

1）测量电动机空载电流，并做记录。一般空载电流为额定电流的30%～40%，如表7－4所示。

表7－4　异步电动机空载电流与额定电流的百分比

容量 / 极数	0.125kW	0.5kW以下	2kW以下	10kW以下	50kW以下	100kW以下
2	70～95	45～70	40～55	30～45	23～35	18～30
4	80～96	65～85	45～60	35～55	25～40	20～30
6	85～98	70～90	50～65	35～65	30～45	22～33
8	90～98	75～90	50～70	37～70	35～50	25～35

2）根据运转情况分析和判断故障。

三、电动机的洗油

三相异步电动机洗油属于正常技术维护。电动机每运行2500～3000h进行一次，高温车间电动机每年至少进行一次。洗油就是将电动机拆卸后，将转子两轴承置于柴油或汽油中，边转动边用毛刷刷干净，然后晾干，按要求注入润滑脂（习惯上也叫润滑油）即可。

注入电动机滚动轴承内的润滑脂的选择，可参考表7－5。

表 7－5 常见润滑脂的性能

名称	钙基润滑脂				钠基润滑脂		钙钠基润滑脂		复合钙基润滑脂			
牌号	SYB1401－62				SYB1402－62		SYB1403－59		SYB1407－59			
序号	1	2	3	4	1	2	1	2	1	2	3	4
最高工作温度（℃）	70	75	80	85	110	140	110	125	178	180	190	200
最低工作温度（℃）	≤－10℃				≤－10℃		≤－10℃		≤－40℃			
抗水性	较强				弱		弱		强			
外观	黄色到暗褐色，软膏状				深黄色到暗褐色，软膏状		黄色到深棕色，软膏状		淡黄色到暗褐色，光滑透明，油膏状			
适用电动机	温度不超过 60℃，潮湿环境，封闭式				温度可达 120℃，清洁无水分，开启式		温度不高于 90～100℃，水蒸气条件下，开启式或封闭式		温度可达 150℃左右，潮湿环境下，封闭式			

使用润滑脂的方法：

（1）电动机运行 1000～1500h 后，应添加一次润滑脂。运行 2500～3000h 后，应更换润滑脂。

（2）所加注的润滑量要适当。加脂量过大，会使摩擦力矩增大，温度升高，耗脂量增大；而加脂量过少，则不能获得可靠润滑而发生干摩擦。一般来讲，适宜的加脂量为轴承内总空隙体积的 1/3～1/2。但根据具体情况，有时则应在轴承边缘涂脂而实行空腔润滑。

（3）注意防止不同种类、牌号及新旧润滑脂的混用，避免装脂容器和工具的交叉使用。

（4）重视更换新脂工作。在更换新脂时，应先清除废润滑脂，将部件清洗干净。

（5）重视加注润滑脂过程的管理。在领取和加注润滑脂前，要严格注意容器和工具的清洁，严防机械杂质、尘埃和沙粒的混入。

（6）注意定期加换润滑脂。润滑脂的加换时间应根据具体使用情况而定，既要保证可靠的润滑又不至于引起润滑脂的浪费。

（7）不要用木制或纸制容器包装润滑脂，以防止失油变硬，润滑脂中混入水分或被污染变质。并且应存放于阴凉干燥的地方。

四、定期小修项目

小修指一般性的检查，对电动机和附属设备不做大的拆卸，大约每半年或更短的时间进行一次。内容包括：

（1）擦拭电动机机壳，除去污物和油垢。

（2）检测绕组绝缘电阻，测完后按要求连接好绕组接头。

（3）检查接线端子，检查接线盒内固定螺钉是否松动，盒内有无烧伤和杂物，接线螺钉有无松动。

（4）检查紧固件及接地线，检查端盖螺钉、地脚螺栓、轴承盖螺钉是否紧固，保护接地

线是否良好、牢固。

(5) 检查电动机和生产机械之间的传动装置是否正常，传动良好。

(6) 检查轴承是否磨损、窜动，润滑油是否干涸、变质、变脏。

(7) 检查电动机附属设备是否完好、清洁；擦拭外壳，检查触头是否良好。

五、定期大修项目

大修指对电动机进行全面解体检查，彻底清扫和处理，大约每一年进行一次。内容包括：

(1) 检查各零部件有无机械损伤和丢失，如有应修理或配齐。

(2) 将电动机解体，清除灰尘、油垢。注意检查绕组的绝缘。

(3) 检查轴承：

1) 拆下轴承洗掉废油，检查其转动是否灵活，是否有磨损和晃动。

2) 若表面粗糙，说明润滑油中有酸、碱物质和水分。

3) 若出现蓝紫色，则说明钢材已受热退火。

4) 若轴承滚道有不正常磨损伤痕，说明油中有沙子或铁屑等杂质。

总之，不能使用的轴承应当换新的；能用的轴承应加足适量的钠脂等润滑油；轴承在检查后应按要求组装复位。

(4) 检查定子和转子绕组。

定子绕组的检查是检查有无绝缘性能下降、对地短路、相间短路或开路、接错等故障；转子绕组的检查是检查有无断条，并针对检查中发现的问题进行修理。

(5) 对定子和转子铁心，应检查有无磨损变形，气隙中有无凸出物及发亮点。

(6) 对于附属设备，需检查启动设备、保护装置、指示测定仪表。

(7) 装配。包括电源线的连接、与启动设备保护装置的连接、接地装置的安装等。

(8) 检查传动装置。需检查传动带、联轴器的紧固和校准状况。

(9) 通电试验。试验前先用手扳动转动部分，若能灵活转动再通电空载运行 0.5h，最后带负荷试车。

电动机作为用电设备，在全电网的电量消耗中占有相当大的一部分用电量。工农业生产中、日常生活中都在大量使用着各种各样的电动机。合理使用电动机是提高电动机效率的有效手段，也是节省能源的必要条件。随着国家现代化建设发展，电动机将会更加显示出它的重要性。我们每一个业内人士应掌握好电动机的安全使用和维护知识。

习题

1. 电动机日常维护内容是什么？
2. 判断电动机温升的方法有哪些？
3. 电动机大修项目有哪些？
4. 电动机小修项目有哪些？

附录

附录一　三相异步电动机技术数据（Y 系列）

<table>
<tr><th rowspan="2">型号</th><th colspan="2">额定数据</th><th rowspan="2">空载电流
（A）</th><th colspan="4">定子</th><th colspan="2">地脚孔距</th><th rowspan="2">轴径
（mm）</th><th rowspan="2">轴伸长
（mm）</th><th rowspan="2">键宽
（mm）</th></tr>
<tr><th>功率
（kW）</th><th>电流
（A）</th><th>外径
（mm）</th><th>内径
（mm）</th><th>铁心长
（mm）</th><th>气隙长
（mm）</th><th>轴向
（mm）</th><th>横向
（mm）</th></tr>
<tr><td>Y－801－2</td><td>0.75</td><td>1.9</td><td>0.65</td><td>120</td><td>67</td><td>65</td><td>0.3</td><td rowspan="4">100</td><td rowspan="4">125</td><td rowspan="4">19</td><td rowspan="4">40</td><td rowspan="4">6</td></tr>
<tr><td>Y－801－4</td><td>0.55</td><td>1.6</td><td>0.76</td><td>120</td><td>75</td><td>65</td><td>0.25</td></tr>
<tr><td>Y－802－2</td><td>1.1</td><td>2.6</td><td>0.82</td><td>120</td><td>67</td><td>80</td><td>0.3</td></tr>
<tr><td>Y－802－4</td><td>0.75</td><td>2.1</td><td>0.97</td><td>120</td><td>75</td><td>80</td><td>0.25</td></tr>
<tr><td>Y90S－2</td><td>1.5</td><td>3.4</td><td>1.24</td><td>130</td><td>72</td><td>80</td><td>0.35</td><td rowspan="3">100</td><td rowspan="6">140</td><td rowspan="6">24</td><td rowspan="6">50</td><td rowspan="6">8</td></tr>
<tr><td>Y90S－4</td><td>1.1</td><td>2.7</td><td>1.3</td><td>130</td><td>80</td><td>90</td><td>0.25</td></tr>
<tr><td>Y90S－6</td><td>0.75</td><td>2.3</td><td>1.3</td><td>130</td><td>86</td><td>100</td><td>0.25</td></tr>
<tr><td>Y90L－2</td><td>2.2</td><td>4.7</td><td>1.6</td><td>130</td><td>72</td><td>110</td><td>0.35</td><td rowspan="3">125</td></tr>
<tr><td>Y90L－4</td><td>1.5</td><td>3.7</td><td>1.6</td><td>130</td><td>80</td><td>120</td><td>0.25</td></tr>
<tr><td>Y90L－6</td><td>1.1</td><td>3.2</td><td>1.6</td><td>130</td><td>86</td><td>120</td><td>0.25</td></tr>
<tr><td>Y100L－2</td><td>3</td><td>6.4</td><td>2.2</td><td>155</td><td>84</td><td>100</td><td>0.4</td><td rowspan="4">140</td><td rowspan="4">160</td><td rowspan="4">28</td><td rowspan="4">60</td><td rowspan="4">8</td></tr>
<tr><td>Y100L1－4</td><td>2.2</td><td>5</td><td>2.1</td><td>155</td><td>98</td><td>105</td><td>0.3</td></tr>
<tr><td>Y100L2－4</td><td>3</td><td>6.8</td><td>3</td><td>155</td><td>98</td><td>135</td><td>0.3</td></tr>
<tr><td>Y100L－6</td><td>1.5</td><td>4</td><td>2.1</td><td>155</td><td>106</td><td>100</td><td>0.25</td></tr>
<tr><td>Y112M－2</td><td>4</td><td>8.2</td><td>2.7</td><td>175</td><td>98</td><td>105</td><td>0.45</td><td rowspan="3">140</td><td rowspan="3">190</td><td rowspan="3"></td><td rowspan="3"></td><td rowspan="3"></td></tr>
<tr><td>Y112M－4</td><td>4</td><td>8.8</td><td>3.8</td><td>175</td><td>110</td><td>135</td><td>0.3</td></tr>
<tr><td>Y112M－6</td><td>2.2</td><td>5.6</td><td>2.9</td><td>175</td><td>120</td><td>110</td><td>0.3</td></tr>
<tr><td>Y132S1－2</td><td>5.5</td><td>11.1</td><td>3</td><td>210</td><td>116</td><td>105</td><td>0.55</td><td rowspan="5">140</td><td rowspan="7">216</td><td rowspan="7">38</td><td rowspan="7">80</td><td rowspan="7">10</td></tr>
<tr><td>Y132S2－2</td><td>7.5</td><td>15</td><td>3.5</td><td>210</td><td>116</td><td>125</td><td>0.55</td></tr>
<tr><td>Y132S－4</td><td>5.5</td><td>11.6</td><td>4.2</td><td>210</td><td>136</td><td>115</td><td>0.4</td></tr>
<tr><td>Y132S－6</td><td>3</td><td>7.2</td><td>3.5</td><td>210</td><td>148</td><td>140</td><td>0.35</td></tr>
<tr><td>Y132S－8</td><td>2.2</td><td>5.8</td><td>3.4</td><td>210</td><td>148</td><td>110</td><td>0.35</td></tr>
<tr><td>Y132M－4</td><td>7.5</td><td>15.4</td><td>5.4</td><td>210</td><td>136</td><td>160</td><td>0.4</td><td rowspan="2">178</td></tr>
<tr><td>Y132M1－6</td><td>4</td><td>9.4</td><td>4.4</td><td>210</td><td>148</td><td>140</td><td>0.35</td></tr>
</table>

续表

型号	额定数据		空载电流（A）	定子				地脚孔距		轴径（mm）	轴伸长（mm）	键宽（mm）
	功率（kW）	电流（A）		外径（mm）	内径（mm）	铁心长（mm）	气隙长（mm）	轴向（mm）	横向（mm）			
Y132M2－6	5.5	12.6	5.1	210	148	180	0.35	178	216	38	80	10
Y132M－8	3	7.7	4.2	210	148	140	0.35					
Y160M1－2	11	21.8	6	260	150	125	0.65	210	254	42	110	12
Y160M2－2	15	29.4	7.1	260	150	155	0.65					
Y160M－4	11	22.6	7.6	260	170	155	0.5					
Y160M－6	7.5	17	7.3	260	180	145	0.4					
Y160M1－8	4	8.9	5.3	260	180	110	0.4					
Y160M2－8	5.5	13.3	6.9	260	180	145	0.4					
Y160L－2	18.5	35.5	8	260	150	195	0.65	254				
Y160L－4	15	30.3	10	260	170	195	0.5					
Y160L－6	11	24.6	10.1	260	180	195	0.4					
Y160L－8	7.5	17.7	8.5	260	180	195	0.4					
Y180M－2	22	42.2	12.3	290	160	175	0.8	241	279	48	110	14
Y180M－4	18.5	35.9	13.5	290	187	190	0.55					
Y180L－4	22	42.5	15.2	290	187	220	0.55	279				
Y180L－6	15	31.5	13.3	290	205	200	0.45					
Y180L－8	11	25.1	12.2	290	205	200	0.45					
Y200L1－2	30	56.9	15.9	327	182	180	1	305	318	55	110	16
Y200L2－2	37	70.4	18.7	327	182	210	1					
Y200L－4	30	56.8	19.4	327	210	230	0.65					
Y200L1－6	18.5	37.7	14.8	327	230	190	0.5					
Y200L2－6	22	44.6	16.6	327	230	220	0.5					
Y200L－8	15	34.1	16	327	230	190	0.5					
Y225S－4	37	69.8	21.3	368	245	200	0.7	286	356	60	140	18
Y225S－8	18.5	41.3	18.2	368	260	165	0.5					
Y225M－2	45	83.9	24.3	368	210	210	1.1	311		55	110	16
Y225M－4	45	84.2	23.6	368	245	235	0.7			60	140	18
Y225M－6	30	59.5	17.8	368	260	200	0.5					
Y225M－8	22	47.6	20.2	368	260	200	0.5					
Y250M－2	55	102.7	29.9	400	225	195	1.2	349	406			
Y250M－4	55	102.5	29.2	400	260	240	0.8			65		
Y250M－6	37	72	19.4	400	285	225	0.55					
Y250M－8	30	63	25.7	400	285	225	0.55					

续表

<table>
<tr><th rowspan="2">型号</th><th colspan="2">额定数据</th><th rowspan="2">空载电流
(A)</th><th colspan="4">定子</th><th colspan="2">地脚孔距</th><th rowspan="2">轴径
(mm)</th><th rowspan="2">轴伸长
(mm)</th><th rowspan="2">键宽
(mm)</th></tr>
<tr><th>功率
(kW)</th><th>电流
(A)</th><th>外径
(mm)</th><th>内径
(mm)</th><th>铁心长
(mm)</th><th>气隙长
(mm)</th><th>轴向
(mm)</th><th>横向
(mm)</th></tr>
<tr><td>Y280S-2</td><td>75</td><td>140.1</td><td>38.5</td><td>445</td><td>255</td><td>225</td><td>1.5</td><td rowspan="4">368</td><td rowspan="8">457</td><td>65</td><td rowspan="8">140</td><td>18</td></tr>
<tr><td>Y280S-4</td><td>75</td><td>139.7</td><td>38.8</td><td>445</td><td>300</td><td>240</td><td>0.9</td><td rowspan="3">75</td><td rowspan="3">20</td></tr>
<tr><td>Y280S-6</td><td>45</td><td>85.4</td><td>22.8</td><td>445</td><td>325</td><td>215</td><td>0.65</td></tr>
<tr><td>Y280S-8</td><td>37</td><td>78.2</td><td>32.1</td><td>445</td><td>325</td><td>215</td><td>0.65</td></tr>
<tr><td>Y280M-2</td><td>90</td><td>167</td><td>46.4</td><td>445</td><td>255</td><td>260</td><td>1.5</td><td rowspan="4">419</td><td>65</td><td>18</td></tr>
<tr><td>Y280M-4</td><td>90</td><td>164.3</td><td>47.1</td><td>445</td><td>300</td><td>325</td><td>0.9</td><td rowspan="3">75</td><td rowspan="3">20</td></tr>
<tr><td>Y280M-6</td><td>55</td><td>104.9</td><td>26.2</td><td>445</td><td>325</td><td>260</td><td>0.65</td></tr>
<tr><td>Y280M-8</td><td>45</td><td>93.2</td><td>35.8</td><td>445</td><td>325</td><td>260</td><td>0.65</td></tr>
<tr><td>Y315S-2</td><td>110</td><td>206.4</td><td></td><td></td><td></td><td></td><td></td><td rowspan="5">405</td><td rowspan="16">508</td><td>65</td><td>140</td><td>18</td></tr>
<tr><td>Y315S-4</td><td>110</td><td>201.9</td><td></td><td></td><td></td><td></td><td></td><td rowspan="4">80</td><td rowspan="4">170</td><td rowspan="4">22</td></tr>
<tr><td>Y315S-6</td><td>75</td><td>142.4</td><td></td><td></td><td></td><td></td><td></td></tr>
<tr><td>Y315S-8</td><td>55</td><td>112.1</td><td></td><td></td><td></td><td></td><td></td></tr>
<tr><td>Y315S-10</td><td>45</td><td>100.2</td><td></td><td></td><td></td><td></td><td></td></tr>
<tr><td>Y315M1-2</td><td>132</td><td>247.6</td><td></td><td></td><td></td><td></td><td></td><td rowspan="11">457</td><td rowspan="2">65</td><td rowspan="2">140</td><td rowspan="2">18</td></tr>
<tr><td>Y315M2-2</td><td>160</td><td>298.5</td><td></td><td></td><td></td><td></td><td></td></tr>
<tr><td>Y315M1-4</td><td>132</td><td>242.3</td><td></td><td></td><td></td><td></td><td></td><td rowspan="9">80</td><td rowspan="9">170</td><td rowspan="9">22</td></tr>
<tr><td>Y315M2-4</td><td>160</td><td>293.7</td><td></td><td></td><td></td><td></td><td></td></tr>
<tr><td>Y315M1-6</td><td>90</td><td>170.8</td><td></td><td></td><td></td><td></td><td></td></tr>
<tr><td>Y315M2-6</td><td>100</td><td>207.7</td><td></td><td></td><td></td><td></td><td></td></tr>
<tr><td>Y315M1-8</td><td>75</td><td>152.8</td><td></td><td></td><td></td><td></td><td></td></tr>
<tr><td>Y315M2-8</td><td>90</td><td>180.3</td><td></td><td></td><td></td><td></td><td></td></tr>
<tr><td>Y315M3-8</td><td>110</td><td>220.3</td><td></td><td></td><td></td><td></td><td></td></tr>
<tr><td>Y315M1-10</td><td>55</td><td>121.8</td><td></td><td></td><td></td><td></td><td></td></tr>
<tr><td>Y315M2-10</td><td>75</td><td>163.9</td><td></td><td></td><td></td><td></td><td></td></tr>
<tr><td>Y355M1-2</td><td>200</td><td>369</td><td></td><td></td><td></td><td></td><td></td><td rowspan="9">560</td><td rowspan="9">610</td><td rowspan="2">75</td><td rowspan="2">140</td><td rowspan="2">22</td></tr>
<tr><td>Y355M2-2</td><td>250</td><td>461.2</td><td></td><td></td><td></td><td></td><td></td></tr>
<tr><td>Y355M1-4</td><td>200</td><td>367.1</td><td></td><td></td><td></td><td></td><td></td><td rowspan="7">90</td><td rowspan="7">170</td><td rowspan="7">25</td></tr>
<tr><td>Y355M2-4</td><td>250</td><td>458.9</td><td></td><td></td><td></td><td></td><td></td></tr>
<tr><td>Y355M3-4</td><td>315</td><td>578.2</td><td></td><td></td><td></td><td></td><td></td></tr>
<tr><td>Y355M1-6</td><td>160</td><td>297</td><td></td><td></td><td></td><td></td><td></td></tr>
<tr><td>Y355M2-6</td><td>200</td><td>371.3</td><td></td><td></td><td></td><td></td><td></td></tr>
<tr><td>Y355M3-6</td><td>250</td><td>464.1</td><td></td><td></td><td></td><td></td><td></td></tr>
<tr><td>Y355M1-8</td><td>132</td><td>261.2</td><td></td><td></td><td></td><td></td><td></td></tr>
</table>

续表

型号	额定数据		空载电流（A）	定子				地脚孔距		轴径（mm）	轴伸长（mm）	键宽（mm）
	功率（kW）	电流（A）		外径（mm）	内径（mm）	铁心长（mm）	气隙长（mm）	轴向（mm）	横向（mm）			
Y355M2－8	160	316.6						560	610	90	170	25
Y355M3－8	200	395.9										
Y355M1－10	90	185.8										
Y355M2－10	110	227										
Y355M3－10	132	272.5										

附录2　电动机常用参数符号表

符号	参数量的名称	符号	参数量的名称
A	表面积、截面积、电负荷	L_b	线圈端部平均长
a	并联支路数	N	串联匝数
b_s	定子槽宽	Q	槽数
b_r	转子槽宽	N_c	每线圈串联匝数
b_{ds}（b_{ts}）	定子齿宽	n_r	通风道数
b_{dr}（b_{tr}）	转子齿宽	n	转速
d_{es}（D_1）	定子外径	P	极对数
d_s	定子内径	P_δ	电磁功率、气隙功率
d_r（D_2）	转子外径	P（P_2）	输出功率
d_{ir}	转子内径	P_{in}（P_1）	输入功率
E	电动势、电场强度	q	每极每相槽数
h_{ys}	定子磁轭高	S	转差率
h_s	定子槽深	T_e	电磁转矩
h_r	转子槽深	T_s	轴转矩
h_{ds}	定子齿高	T_d	转子机械损耗转矩
h_{dr}	转子齿高	T_1	堵转转矩
H	轴中心高	T_u	最小转矩
i_1	堵转电流比	T_b	最大转矩
K	换向器片数	V	体积
K_w	绕级因数	Y_a（Y）	线圈节距
K_d	分布因数	δ	总漏磁因数
K_p	节距因数	δ_s	定子漏磁因数
K_{sq}	斜槽因数	δ_r	转子漏磁因数
K_Q	槽满 率	δ（g）	气隙
L	铁心全长	δ_0	最小气隙
L_{Fe}	铁心长	τ（t）	极距
L_u	铁心净长	$\mathrm{I_s}$（$\mathrm{t_s}$）	定子齿距
Le	铁心有效长	I_r（t_r）	转子齿距
L_v（b_v）	一个通风道长	W	角频率

续表

符号	参数量的名称	符号	参数量的名称
W_s	定子磁场角频率	θ	温升
W_r	转子磁场角频率	θ_a	环境温度
Ω_m	机械角速度	θ_c	冷却介质温度

参考文献

[1] 王吉华. 电机维修快速入门. 北京：国防工业出版社，2007.

[2] 黄永铭. 电动机与变压器维修 · 4 版. 北京：高等教育出版社，2012.

[3] 赵家礼. 三相交流电动机修理. 北京：机械工业出版社，2008.

[4] 狄富清. 异步电动机简易修理工艺. 北京：中国电力出版社，2009.

[5] 杨德清，杨卓荣. 零起步巧学 电动机使用 维护与维修. 北京：中国电力出版社，2009.

[6] 刘建清. 教你检修电动机. 北京：电子工业出版社，2009.

[7] 方大千. 异步电动机使用与维修. 北京：人民邮电出版社，2008.

[8] 才家刚. 电机组装工艺及常规检测. 北京：化学工业出版社，2008.